Autoconfianza para hombres

Libera el león interior y ve cómo tu resistencia mental, autoestima, actitud mental, autodisciplina y vida de pareja se transforman

© Copyright 2020

Todos los derechos reservados. Ninguna parte de este libro puede ser reproducida de ninguna forma sin el permiso escrito del autor. Los revisores pueden citar breves pasajes en las reseñas.

Descargo de responsabilidad: Ninguna parte de esta publicación puede ser reproducida o transmitida de ninguna forma o por ningún medio, mecánico o electrónico, incluyendo fotocopias o grabaciones, o por ningún sistema de almacenamiento y recuperación de información, o transmitida por correo electrónico sin permiso escrito del editor.

Si bien se ha hecho todo lo posible por verificar la información proporcionada en esta publicación, ni el autor ni el editor asumen responsabilidad alguna por los errores, omisiones o interpretaciones contrarias al tema aquí tratado.

Este libro es solo para fines de entretenimiento. Las opiniones expresadas son únicamente las del autor y no deben tomarse como instrucciones u órdenes de expertos. El lector es responsable de sus propias acciones.

La adhesión a todas las leyes y regulaciones aplicables, incluyendo las leyes internacionales, federales, estatales y locales que rigen la concesión de licencias profesionales, las prácticas comerciales, la publicidad y todos los demás aspectos de la realización de negocios en los EE. UU., Canadá, Reino Unido o cualquier otra jurisdicción es responsabilidad exclusiva del comprador o del lector.

Ni el autor ni el editor asumen responsabilidad alguna en nombre del comprador o lector de estos materiales. Cualquier desaire percibido de cualquier individuo u organización es puramente involuntario.

Índice

INTRODUCCIÓN 1
PARTE 1: AUTOESTIMA 4
LA AUTOESTIMA Y POR QUÉ LA NECESITAS 5
   POR QUÉ NECESITAS AUTOESTIMA 6
   CONSECUENCIAS DE LA BAJA AUTOESTIMA 7
   EVALUANDO TU AUTOESTIMA 8
   DETERMINANDO TU AUTOESTIMA Y PERSONALIDAD 9
   TU ANÁLISIS DE AUTOESTIMA 11
SUPERANDO LAS INSEGURIDADES Y LA DESCONFIANZA 13
   CAUSAS DE LA DESCONFIANZA 14
   EFECTOS DE LA DESCONFIANZA 15
   SEIS REMEDIOS EFECTIVOS PARA SUPERAR LA DESCONFIANZA 15
   PRUEBA DE DESCONFIANZA 18
   ANÁLISIS DE LA PRUEBA 19
IMAGEN CORPORAL: ¿QUÉ TAN IMPORTANTE ES? 20
   SINTIÉNDOTE BIEN CON TU APARIENCIA 21
   ¿CÓMO SABER SI TIENES TDC? 24
¡INCLUSO LOS HOMBRES NECESITAN AMOR PROPIO! 27
   TRECE HÁBITOS A PRACTICAR PARA DESARROLLAR EL AMOR PROPIO 28
TRECE HÁBITOS DE AUTOESTIMA PARA PRACTICAR DIARIAMENTE
.... 34
PARTE 2: AUTOCONFIANZA 41
AUTOESTIMA VS. AUTOCONFIANZA 42

Diez indicadores de confianza 43
Prueba de autoconfianza 44
La prioridad eres tú 48
QUINCE MANERAS PROBADAS DE AUMENTAR TU AUTOCONFIANZA 50
COMO UN JEFE: SEIS TRUCOS DE CONFIANZA EN EL TRABAJO 57
Los seis trucos de autoconfianza en el trabajo 58
CONFIANZA EN LAS CITAS: DOCE ESTRATEGIAS IRRESISTIBLES PARA CONQUISTARLA 63
DOMANDO TU EXCESO DE CONFIANZA 73
Diez hábitos necesarios para domar el exceso de confianza 75
PARTE 3: AUTODISCIPLINA 79
LA AUTODISCIPLINA Y SUS VALORES FUNDAMENTALES 80
Seis razones por las que necesitas autodisciplina 82
Por qué los hombres carecen de autodisciplina 83
LA MENTALIDAD IMPORTA: CAMBIANDO TUS CREENCIAS LIMITANTES 86
Tres malas mentalidades que debes evitar 87
Siete maneras para desarrollar la confianza con la mentalidad correcta 88
Autoevaluación de la mentalidad 92
LA FORTALEZA MENTAL: EL MÉTODO "CERO M*ERDA" 93
Habilidades que definen a un hombre mentalmente fuerte 94
Hábitos rutinarios de los hombres mentalmente duros 96
CINCO HÁBITOS DE AUTODISCIPLINA PARA LA MEJORA DIARIA .. 100
Metas de poder: Pensar a largo plazo para el éxito 106
BONO - LOS DIEZ MEJORES CONSEJOS PARA SER UN HOMBRE SEGURO 112
CONCLUSIÓN 114
FUENTES 117

Introducción

No importa cuál sea tu origen, puedes desarrollar confianza en ti mismo. Este libro contiene estrategias probadas que te enseñarán cómo aumentar tu confianza, establecer una autoestima de por vida, conquistar las dudas y mejorar tu autodisciplina. Cuando termines de leer este libro, estas cosas ya no te detendrán. Creerás genuinamente en ti mismo, y alcanzarás tu máximo potencial.

La autoconfianza es una fuerza poderosa dentro de ti. Afecta a tu éxito en el trabajo, con tu familia y en las relaciones. El propósito de este libro es develar esta fuerza y presentártela de una manera concisa y fácil de comprender. Es adecuado para todos —de todas las edades, hombres, mujeres, entrenadores, empleados, estudiantes, adolescentes, y por supuesto, para ti.

Este libro te llevará por el camino de creer en ti mismo, que es el activo esencial que necesitas en tu vida. La riqueza y la fama no pueden sustituir a una pésima imagen de uno mismo. La falta de confianza siempre te frenará y no te permitirá alcanzar tus metas. Además, la baja autoestima a menudo lleva a divorcios, una paternidad horrible, problemas en las relaciones, abuso de drogas, desempleo, pobreza, etc. Si eres víctima de cualquiera de estos, entonces comprar este libro es lo más sabio que has hecho por ti. El impacto de las lecciones de este libro, si se siguen religiosamente, son permanentes y transformarán tu vida para siempre. Notarás un cambio tremendo en tu confianza en menos de dos meses.

A diferencia de otros libros similares, las estrategias de este libro son muy prácticas y han sido cuidadosamente estructuradas para ayudarte a desarrollar rápidamente tu confianza, autoestima y autodisciplina. Sin embargo, para beneficiarte de este libro, tendrás que hacer más que solo leerlo. Debes hacer los ejercicios propuestos en el libro. Por ejemplo, si se te pide que tomes un bolígrafo y papel para hacer algo, debes tomar un bolígrafo y papel y escribir como se te aconseja.

Aquí, usaremos métodos probados de terapia cognitiva-conductual para aumentar tu confianza cambiando la forma en que interpretas tu vida. Usaremos pasos sencillos para descubrir y analizar las declaraciones negativas que probablemente realizas. También te enseñaremos a crear nuevas metas en la vida y a hacer declaraciones positivas que fomenten tu autoestima, en lugar de debilitarla. Este libro te equipará con las habilidades necesarias para aplastar la duda y sustituirla por la confianza.

Este libro se centra enteramente en pasar a la acción. Contiene pasos y estrategias comprobadas sobre cómo identificar si la baja confianza en ti mismo te está perjudicando y te impide tener éxito en la vida. Desarrollar tu confianza requiere tomar medidas prácticas, además de cambiar tus creencias o practicar el pensamiento positivo.

Cada sección está dividida en capítulos fáciles de leer que contienen información, perspicacia, estudios de casos, inspiración y estrategias que garantizan una rápida transformación en tu vida.

Además de discutir consejos que te ayudarán a aumentar tu autoconfianza, se analizan más a fondo las diversas maneras de convertirse en un hombre mentalmente más fuerte. Este libro está lleno de técnicas teóricas y prácticas para desarrollar tu propia autoconfianza masculina.

Este libro puede ser usado como una guía de la cual puedes seleccionar las técnicas que mejor se adapten a ti. Esto significa que puedes desarrollar tu autoestima sin tener que leer el libro entero. Cada parte del libro se resume en capítulos concisos que te ayudarán a ir directamente a los temas específicos que te faltan y que deseas desarrollar o fortalecer.

Invertir en el desarrollo de tu autoconfianza es como invertir en toda tu vida, y comprar este libro es el primer paso. Me alegro de que hayas elegido invertir en ti mismo. Lee este libro a un ritmo que te permita absorber tanto contenido como sea posible. ¡Que comience el fantástico viaje!

PARTE 1: Autoestima

La autoestima y por qué la necesitas

En este capítulo, desentrañaremos lo que es la autoestima, sus causas, cómo superar la baja autoestima y explicaremos por qué la autoestima es importante en tu vida, con especial énfasis en los hombres.

Todo el mundo tiene autoestima, hombres y mujeres, adolescentes y jóvenes. Cada uno tiene una manera de mirarse a sí mismo. Por ejemplo, las personas felices tienden a tener una alta autoestima. Por otro lado, las personas que se enfrentan a problemas o al estrés probablemente tengan una baja autoestima. Además, algunas personas muestran una autoestima excesiva que impide sus relaciones con los demás. Tú te encuentras en una o más de estas categorías, y el primer paso para solucionar tus problemas de autoestima es reconocer cuáles.

La autoestima se define como la forma en que te valoras a ti mismo; es la forma en que percibes tu valor para el mundo y los demás a tu alrededor. En psicología, la autoestima se define como un sentido de autovaloración y reconocimiento personal. La autoestima define tu competencia en la gestión de lo que la vida te ofrece y define lo que se necesita para sentirse digno de la felicidad.

Hay una delgada línea entre la autoestima y la aceptación. La autoestima puede ser vista como algo interno, mientras que la aceptación es más sobre la percepción fuera de ti mismo. La autoestima puede desarrollarse a partir de cualquier número de fuentes, incluyendo:

- Tu autoevaluación.
- El apoyo y la aprobación de la familia o los padres.
- La aceptación de amigos, colegas y profesores.
- Cómo manejas los desafíos que se te presentan.

Si tienes una autoestima positiva, has dominado tu aceptación y sientes que eres valioso porque sientes que estás contribuyendo positivamente al mundo. La autoestima duradera y sólida se basa generalmente en tus cualidades inherentes y características únicas.

Por qué necesitas autoestima

El desarrollo de una autoestima saludable te ayudará de muchas maneras, incluyendo:

- Cuando se produce una pérdida o una derrota, te recuperarás más rápido y estarás motivado para empezar de nuevo más rápido.
- Comprenderás que caer es inevitable, y que volver a ponerse de pie es más importante.
- Ayuda a desarrollar tu ego, que te ayudará a conseguir un trabajo, encontrar una relación o levantarte después de un fracaso.
- La autoestima positiva te ayuda a sanar más rápido. Te da la motivación para seguir luchando y enfrentar positivamente los desafíos que la vida te presenta.
- La autoestima positiva es la base de tu bienestar.
- Tu felicidad, tu resistencia psicológica y el impulso para vivir una vida productiva y saludable dependen de tu autoestima.

La autoestima es la creencia de que vales tanto como cualquier otra persona. No debes confundir la autoestima con el exceso de confianza, que puede ser una causa de fracaso en la vida.

En pocas palabras, creer en ti mismo es la clave para tener felicidad y éxito en tu vida. La autoestima se trata más de cómo te sientes sobre ti mismo como persona. Como muchos hombres, puedes basar tu autoestima en factores externos como la cantidad de dinero que ganas, lo que posees, tu apariencia o el número de amigos que tienes. Desafortunadamente, estos factores externos suelen cambiar, y esto está destinado a afectar tu autoestima.

Los ejercicios de este libro te ayudarán a captar la autoestima desde el interior, sintiéndote competente y seguro de cómo manejas los desafíos de la vida. Es la confianza en saber que puedes lograr tus metas y que estás satisfecho con quien eres.

Consecuencias de la baja autoestima

Por el contrario, la baja autoestima suele provocar depresión, ansiedad, problemas de ira, dolor personal y otros problemas psicológicos angustiosos.

- La baja autoestima te llevará a exhibir poca o ninguna consideración por ti mismo; no te respetarás ni te admirarás a ti mismo.
- Demostrarás falta de confianza en ti mismo y, a su vez, te menospreciarás con pensamientos autolimitantes.

Identificar los efectos negativos de la baja autoestima en tu vida es el primer paso para darte cuenta de que necesitas hacer cambios en tu vida. Si sientes que tienes un bajo sentido de la autoestima, es importante reconocer los malos hábitos que te impiden alcanzar tus metas personales.

Si tienes una baja autoestima, sentirás que nada importa. Sentirás que estás solo, incluso cuando estás con amigos. La baja autoestima te hará sentir desconectado de los demás. Te hace pensar que la gente se está aprovechando de ti y que no te ven como una persona importante. Esto a menudo lleva a la abstinencia, ya que estarás agotado de tratar de hacer que la gente te aprecie, y por lo tanto terminarás renunciando a la vida misma. Si no se maneja a tiempo, se puede llegar a un punto en el que no se ve ninguna razón para levantarse por la mañana, porque sientes que nadie aprecia lo que haces y que ni siquiera les importa.

Evaluando tu autoestima

Cuando necesitas medicamentos, debes presentar a la farmacia una receta antes de que te la den. Con la autoestima, debes ser capaz de evaluar tu situación actual. En esta prueba, se te pedirá que tomes un bolígrafo y un papel y que sigas las instrucciones.

Este ejercicio te ayudará a comprender lo que falta en tu vida, facilitando la búsqueda de los consejos en este libro que te ayudarán.

Prueba de autoestima 1

Escriba las respuestas a estas preguntas en un papel:

1. ¿Cuáles son las situaciones que te hacen sentir inferior o con un bajo sentido de autoestima? ¿Es cuando recibes críticas? ¿Es cuando no te sientes amado o cuando eres rechazado? Describe las situaciones en detalle.

2. ¿Qué pensamientos negativos tienes? ¿Te sientes a menudo triste? ¿O inferior, o celoso? Describe aquí todas las emociones negativas que afectan a tu autoestima y a tu confianza.

3. Cuando tienes una mentalidad negativa, ¿cómo manejas esa situación? ¿Te diriges a ti mismo con dureza o con respeto a ti mismo? Enumera algunos de los pensamientos negativos que te afectan.

4. ¿Cuál es la consecuencia de la baja autoestima? ¿Cómo afecta a tus relaciones?

5. Piensa en alguien que consideres honorable y digno. ¿Quién es esa persona? ¿Qué te hace considerarlo digno? Describe a la persona en detalle.

6. ¿Tienes demasiada confianza? Si es así, ¿en qué se diferencia de la arrogancia?

Este ejercicio te ayudará a identificar tu estado de autoestima. Descubrirás lo que afecta a tu autoestima; solo cuando puedas identificarlo podrás empezar a arreglarlo.

La autoestima te permite apreciarte a ti mismo. Los pensamientos y creencias negativas te impedirán alcanzar su potencial. La terapia cognitiva (TC) se ha utilizado en la psicología para ayudar a los hombres a reconocer y cambiar estos pensamientos negativos. La terapia cognitiva es una metodología muy investigada y es el tratamiento principal para la depresión.

Varios factores pueden influir en tu pensamiento. De hecho, las situaciones que experimentas en la vida pueden cambiar tu forma de pensar. Si, por ejemplo, has sufrido abusos sexuales o repetidamente, puedes llegar a pensar que has sido tratado como un objeto y puedes elegir serlo. Tu entorno social, compuesto por los medios de comunicación, los amigos y la familia, puede afectar a la forma en que piensas sobre las cosas y a la forma en que aprendes.

Aunque los eventos externos pueden influir en tu forma de pensar, la terapia cognitiva asume que eres responsable individualmente de los pensamientos que eliges. No puedes controlar la forma en que otros te tratan o perciben, pero sí puedes controlar cómo piensas y qué piensas.

De la discusión anterior, se puede ver que la autoestima es un concepto muy elusivo. Debes decidir qué es importante en tu vida y los pasos o acciones que necesitas tomar para lograr la autoestima.

Determinando tu autoestima y personalidad

¿Alguna vez te has preguntado, "¿Quién soy yo?". Diversos estudios sugieren que tu verdadera autoestima se basa en quién eres cuando nadie te mira. Y la única persona que puede responder a esa pregunta eres tú. La verdadera autoestima es personal, profunda y complicada. Los psicólogos sugieren que puedes tener múltiples yos, pero, la mayoría de las veces, elegirás uno de esos yos y te centrarás en él.

La gente de fuera puede verte como un hombre muy brillante, joven y feliz. Mírate a ti mismo y pregúntate si esta es una descripción exacta de quién eres. El público puede tener una percepción errónea de quién eres. Esta es una percepción que has creado por la forma en que te muestras y te presenta al mundo exterior. Internamente, tu yo privado puede diferir significativamente de tu yo público. Puedes pretender ser algo que no eres solo para encajar, o al menos para evitar sobresalir.

Si tienes una alta autoestima, encontrarás la manera de mezclar tu yo público y privado para crear una estrecha asociación; de esta manera, los dos pueden complementarse para mejorar tu autoestima.

En la próxima prueba, usaré preguntas de autoestima para determinar tu personalidad. Establece si tienes una personalidad basada en la competencia o en el deseo. O si tienes las características de ambos tipos. Saca un bolígrafo y un papel y escribe honestamente las respuestas a las siguientes preguntas:

(Indica si es: "Verdadero", "Falso", o si estás "Indeciso").

7. Te sientes bien cuando terminas las tareas.

8. Tu autoestima aumenta cuando te pagan bien por el trabajo que haces.

9. Cuando tu vida personal entra en conflicto con tus obligaciones profesionales, normalmente priorizas tus responsabilidades profesionales.

10. No comprometes todo en tu vida.

11. Aunque aprecias que te digan que eres amado, prefieres que te consideren competente en lo que haces.

12. Cuando algo sale mal, tu primer pensamiento es cómo podrías haber estropeado las cosas.

13. No cancelas una tarea generadora de ingresos por compromisos sociales.

14. No te tomas el éxito en el amor a la ligera y siempre trabajas duro para sobresalir en lo que haces.

15. Normalmente te defines a ti mismo por lo que haces y no por lo mucho que les gustas a tus amigos y familiares.

16. Puedes lograr cosas cómodamente por ti mismo, incluyendo lujos como viajar y perseguir otros intereses.

17. No puedes manejar el ser competitivo cuando te enfrentas a situaciones extremas.

18. Aunque aprecias que te digan que eres un buen tipo, prefieres que te consideren inteligente.

Tu análisis de autoestima

Después de responder a las 12 preguntas anteriores, suma tus respuestas "Verdaderas", seguidas de tus respuestas "Falsas", y por último, las respuestas "Indecisas". Escribe las puntuaciones en la hoja de papel.

Si por casualidad respondiste "Verdadero" más que "Falso":

✔ Significa que basas lo que sientes sobre ti mismo en lo competente que eres.

✔ Te defines a ti mismo por las tareas que manejas, y te preocupas más por ser capaz de manejar estas tareas que por ser independiente.

Si por casualidad respondiste más preguntas con "Falso" que con las otras dos opciones:

✔ Significa que basas tus sentimientos hacia ti mismo en tus deseos.

✔ No te preocupa en absoluto lo que haces.

✔ Te gusta ser querido y ser visto como la persona adecuada para manejar las tareas.

Si tienes muchas respuestas "indecisas":

✔ Significa que tienes una alta competencia y deseabilidad.

✔ Prefieres ser competente y querido al mismo tiempo.

✔ Es probable que estés estresado, ya que tanto el desempeño como las cuestiones interpersonales te harán dudar de ti mismo.

Por lo tanto, esta prueba muestra que la autoestima es una combinación de autoconfianza y respeto por uno mismo. Tu necesidad de autoestima es tu necesidad de saber que las elecciones que haces son apropiadas para tu vida y bienestar. Dado que debes seleccionar tus metas y acciones, tu sentido de eficacia y seguridad requiere la creencia de que tienes razón en tu método de elegir y tomar decisiones. La autoconfianza, por otro lado, es lo dependiente que eres de tu mente como herramienta cognitiva. No significa que no puedas cometer errores, sino que es la creencia de que puedes pensar y juzgar correctamente.

Superando las inseguridades y la desconfianza

La desconfianza es un sentimiento que tienes sobre tus propias habilidades o acciones. Esto significa que la duda no es solo acerca de tus sentimientos presentes, sino que se correlaciona con tu pasado. Esto puede causar que digas, "Nunca he sido bueno haciendo esto y aquello, así que ¿por qué debería molestarme en intentarlo?".

La duda es un aspecto crítico de la vida, pero cuando la tienes en exceso, afectará drásticamente a tu confianza e interferirá con tu capacidad para establecer y trabajar hacia tus objetivos clave. La duda afectará a todos los aspectos de tu vida, desde el trabajo hasta el ocio y las actividades domésticas, pasando por las relaciones. Las inseguridades personales limitan la acción afirmativa y causan angustia, miseria y evasión.

Junto con el miedo —especialmente el miedo al fracaso—, la desconfianza sobre uno mismo tiene el mismo efecto que puede tener cuando se intenta algo nuevo; por ejemplo, salir en una primera cita, aprender a nadar, practicar paracaidismo o incluso esquiar.

La desconfianza en uno mismo puede hacer que te conviertas en tu peor enemigo. Ser inseguro aplastará por completo tu confianza. Los hombres rara vez atribuyen la insuficiencia a la desconfianza, pero tu estado de ánimo, acción, excitación y motivación se ven directamente afectados por tu sensación de seguridad. Un hombre financieramente inseguro exhibirá una baja autoestima y una falta de confianza.

La desconfianza puede causar una disminución en tu rendimiento y que trabajes por debajo de tu potencial real. Las inseguridades te harán sentir que no estás preparado o capacitado para manejar una tarea en particular, cuando, en el sentido real, estás bien equipado para manejar los desafíos que se te presentan.

Esta sección te ayudará a reconocer la desconfianza y a comprender cómo esta moldea tu perspectiva del mundo y, en consecuencia, tus sentimientos y respuestas.

Causas de la desconfianza

Hay muchos acontecimientos que pueden ocurrir en tu vida que te llevarán a dudar de ti mismo o de tus capacidades. Pero las causas más frecuentes de la desconfianza o la inseguridad incluyen:

- La gente que te mira con desprecio —esto ocurre a menudo cuando tus amigos o familiares te ignoran o socavan tu contribución en las actividades en las que crees que deberían haberte consultado. A veces los amigos se dan por vencidos; pueden decir que no eres lo suficientemente bueno para la tarea en cuestión.

- Bajo rendimiento —esto ocurre cuando te desempeñas por debajo de los estándares requeridos. Puede llevarte a dudar de tu capacidad para realizar tareas críticas.

- Fracasos históricos —los fracasos del pasado te harán temer ciertas actividades en las que crees que fracasarás solo porque no tuviste éxito en el pasado.

- Objetivos no alcanzados —puede que no consigas alcanzar tus objetivos; desanimado por el miedo, o si has fracasado en el pasado y piensas que no debes volver a intentarlo.

Efectos de la desconfianza

La desconfianza afectará negativamente a tu rendimiento y, al mismo tiempo, te limitará en la conquista de tus objetivos. La duda en sí misma te llevará a:

- Poco o ningún impulso para alcanzar tus objetivos.
- Limitará tu éxito en la vida. El éxito en la vida requiere confianza y la creencia de que puedes manejar los desafíos que se te presentan en cualquier momento.
- La duda te llevará a tener poco o ningún sentido de realización. Para llevar una vida satisfactoria, necesitas confianza en ti mismo y la satisfacción de que tus amigos y parientes confíen en tus habilidades.

Como se ha destacado en el análisis anterior, las inseguridades y las dudas sobre uno mismo constituyen una preocupación importante, e inhiben tu capacidad para afrontar los desafíos de la vida y alcanzar tu máximo potencial. Por lo tanto, es necesario encontrar formas eficaces de superar las dudas. Ahora surge la pregunta, ¿cómo debes superar las dudas e inseguridades?

Seis remedios efectivos para superar la desconfianza

Para conquistar la desconfianza, debes desarrollar hábitos que te empujen a ver el panorama general y a tener el control de tu vida. Hay varias maneras de superar la desconfianza, y a continuación encontrarás seis medios efectivos para superar la desconfianza:

1. **Reconoce tus capacidades.** Se supone que no debes jugar siempre a lo seguro y perseguir los frutos que cuelgan. Debes esforzarte por lograr más de lo que crees que puedes manejar. Desde la infancia, se te entrena para seguir normas específicas y para creer de forma realista. Pero este enfoque puede, al mismo tiempo, ser limitante; te desalentará a la hora de afrontar nuevos retos.

2. No hagas caso de las voces negativas que hay en tu interior. El adagio "no escuches el mal" tiene sentido aquí. Cuando cierras tus oídos a las voces negativas, lograrás más y superarás las expectativas. Los puntos de vista negativos afectarán tu motivación para lograr tus objetivos. La sociedad puede enviarte señales negativas. Por ejemplo, puede influir en ti para que dejes de perseguir un objetivo en particular. Estas voces negativas deben "caer en oídos sordos" para que puedas lograr tus objetivos sin limitar los pensamientos. Deberías defender lo que crees que es correcto. Cíñete a tus objetivos y deseos. Si haces esto, es más probable que te retires como un hombre feliz porque no te arrepentirás de lo que no has hecho en el pasado. Tendrás poco o ningún "asunto pendiente".

3. Ten tu grupo de apoyo. Toma el ejemplo de Nick Vujicic. Vujicic nació sin brazos ni piernas y es considerado un guerrero cuando se trata de confianza y dudas. Ha vencido todas las probabilidades haciendo casi todo, desde nadar, hasta cocinar y bailar, entre otros. Nick Vujicic hace todo lo que un ser humano promedio hace. Actualmente motiva a la gente a través de su organización llamada "Vida sin miembros".

Nick Vujicic motiva a hombres y mujeres que nacen con la misma condición. Para lograr todo esto, ha recibido gran ayuda y asistencia de su grupo de apoyo. Estas son las personas que lo animan y ayudan a seguir adelante en la vida. Pueden ser amigos, familiares, patrocinadores, organizaciones y sociedades que creen que su causa para transformar a las personas es digna. Los padres de Nick Vujicic nunca se rindieron con él. Sus padres lo animaron a intentarlo todo, porque pensaron que nunca sabría lo que puede y lo que no puede hacer si no lo intenta.

Con esa afirmación positiva y el apoyo de sus padres, Vujicic aprendió a pescar, nadar, hacer snowboard, bañarse y vivir de forma independiente. Vujicic estaba decidido a no ser una carga para nadie, ni siquiera para su esposa, Kanae. La esposa de Vujicic, Kanae, le da un excelente apoyo en las buenas y en las malas. Ahora tienen una familia encantadora juntos.

Los hombres a menudo necesitan un grupo de apoyo para levantar el ánimo todos los días. Estas son las personas que se preocupan por ti, y te harán sentir mejor cuando las cosas vayan mal. El consejo y el asesoramiento de estas personas importan mucho en tus decisiones y, como resultado, afecta directamente a tu confianza y autoestima.

4. Sé modesto y siempre dispuesto a aprender. El ego puede hacer que no logres lo suficiente o que logres demasiado. Es el ego el que te mantiene bajo control. Como dice la tercera ley de movimiento de Newton: por cada acción, siempre hay una reacción igual y opuesta. Por lo tanto, un ego demasiado inflado puede parecer bueno al principio. Puede que te diviertas presumiendo, fanfarroneando y despreciando a tus compañeros. Pero cuando las situaciones cambian y fallas en una cosa u otra, la experiencia será muy traumática. Te estrellarás y puede que te lleve más tiempo recuperarte.

Es por esto que se te anima a tener una humildad de primer orden. Ser humilde está estrechamente relacionado con la desconfianza. La humildad es un rasgo bienvenido por muchas personas. Es el rasgo que te ayudará a tomar decisiones con calma durante los altibajos de la vida. Solo tendrás éxito en la vida si pones tus objetivos generales por encima del deseo de ser reconocido.

Además, debes tener sed de conocimiento. Debes estar dispuesto a aprender cosas nuevas. Como resultado, terminarás haciendo muchas cosas, y estos éxitos te ayudarán a aumentar tu confianza en ti mismo. En cualquier momento de esta vida, siempre que estés sano, habrá más que aprender y mucho más que mejorar.

5. Esfuérzate por batir tu récord a diario. Si tienes éxito, siempre te esforzarás por batir tus logros anteriores, en lugar de batir los de otras personas. Es perjudicial compararse con otras personas. En la vida, nuestros destinos y esfuerzos varían mucho. Tú tienes tu propio tiempo para tener éxito, tus propias metas y tu propia visión de la vida.

Algunas personas serán afortunadas. La suerte es un factor enorme que a menudo es subestimado por muchos. Pero los humanos fallan de muchas maneras. Puedes encontrar a la persona o pareja equivocada en la vida, llevándolos contigo por el camino del fracaso. El camino al éxito es único para cada ser humano. No puedes copiar el éxito de otra persona y hacerlo tuyo. No funciona de esa manera.

Es crucial evaluar tus capacidades y establecer objetivos prácticos para ti mismo. Esto es porque, si te esfuerzas por convertirte en el próximo Bill Gates, tu viaje se verá empañado por la desconfianza en ti mismo porque tu meta no es realista, y eventualmente te decepcionarás.

6. Siempre trabaja duro. La realidad de la vida es que no todo el mundo tendrá el suficiente talento o la capacidad de tener éxito en un campo específico. Pero una vez que aceptes esto de ti mismo, podrás tener confianza, paciencia y perseverancia para ayudarte en tus logros.

Trabajar duro implica poner un poco más de esfuerzo continuamente con el objetivo final en mente. Haciendo esto, te estarás aislando de la duda porque siempre tendrás el deseo de seguir intentándolo constantemente. Como Thomas Edison dijo una vez, "no debemos llamarlo un fracaso, sino que son solo 10.000 formas que no funcionan". Sigue trabajando duro, y recuerda que los defectos del mundo superan a los éxitos. Solo si tienes la fuerza de voluntad para superar tus fracasos tendrás éxito. No debes permitir que haya espacio en tu mente para la duda. Siempre tienes que estar decidido a subir, sin dejar que las voces negativas u otras personas te hagan caer.

Prueba de desconfianza

Cuando estás a punto de enfrentarte a un desafío en la vida, y piensas que tu inseguridad y tus dudas pueden hacerte caer, es importante hacer una prueba de autoconfianza que te ayudará a identificar las áreas en las que debes estar alerta. Necesitarás un bolígrafo y un papel para hacer esta prueba. Esta es una simple prueba de "Sí" o "No" que te ayudará a descubrir lo que está limitando tus capacidades. Marca "Sí" o "No":

Imagina que te ofrecieron un trabajo en la empresa de tus sueños. Has estado luchando durante años para tener esta oportunidad, y ahora se ha presentado. Haz esta prueba en lo que imaginas que es el día de la entrevista. También puedes hacer esta prueba antes de una entrevista de trabajo real, o un nuevo trabajo.

- ¿Tienes las habilidades necesarias para hacer este trabajo? _Sí. _No
- ¿Tu empleo anterior te preparó para este nuevo trabajo? _Sí. _No
- Captas rápidamente los nuevos conceptos. _Sí. _No
- Siempre haces preguntas cuando necesitas ayuda. _Sí. _No
- Cuando te enfrentas a un desafío, siempre lo superas. _Sí. _No
- Estás tranquilo incluso en situaciones tensas. _Sí. _No
- Puedes manejar este trabajo. _Sí. _No

Análisis de la prueba

¿Cuántas preguntas respondiste "Sí" a lo anterior? Si tu respuesta a por lo menos cinco preguntas fue "Sí", entonces está en el mejor estado mental para enfrentar el trabajo. Significa que eres capaz de manejar las responsabilidades del trabajo. Por lo tanto, no debes dudar de tu capacidad para manejar la tarea en cuestión. Ve con la mente clara de que brillarás en el trabajo.

Si has respondido "Sí" a menos de cinco preguntas, significa que tienes alguna duda. Significa que dudas de tu capacidad para manejar las tareas que el trabajo requiere que manejes. La desconfianza en ti mismo generalmente te lleva a hacerte preguntas poco realistas y puede impedirte lograr lo que estás capacitado para lograr. En este caso, debes tratar de reafirmarte, porque si esta es tu área de especialización, debes ser capaz de manejar la situación en cuestión.

De la prueba anterior, podemos ver que hay una delgada línea entre las preocupaciones realistas y las dudas. Significa que puedes estresarte y menospreciarte, simplemente porque dudas de ti mismo. Identificar esta duda es el primer paso en tu viaje hacia el éxito.

Imagen corporal: ¿Qué tan importante es?

¿Qué piensas de tu imagen corporal? ¿Te gusta? ¿Desearías que fuera de alguna manera diferente? Si es así, entonces no estás solo: a mucha gente no le gusta la forma en que su cuerpo está estructurado.

Lo más probable es que te hayas visto en el espejo y hayas pensado que te ves gordo o demasiado delgado. Has enfatizado los defectos de tu cara, pensando que la nariz es demasiado grande, los labios demasiado pequeños o demasiado grandes, y así sucesivamente. Estas afirmaciones negativas te menosprecian. Los hombres siempre se miran los hombros y piensan que no son lo suficientemente robustos, o que su estómago está abultado, o creen que no son lo suficientemente varoniles. Los hombres se preocupan tanto por la apariencia como las mujeres. La imagen corporal es algo con lo que todo ser humano tiene que lidiar.

Tu imagen corporal es tu aspecto natural. Comprende cómo te ves, cuánto pesas, si eres alto, bajo, etc. Tu autoestima afectará a la forma en que ves tu propio cuerpo y cómo te enfrentas a los asuntos de imagen corporal. Cuando tienes baja autoestima, significa que ves tu cuerpo de forma negativa. Cuando te miras en el espejo todos los días, todo lo que ves son defectos, y a menudo señalas todo lo que piensas que está mal en tu cuerpo.

Esto puede llevarte a ignorar las cosas que puedes hacer para verte mejor, como comer sano, hacer ejercicio con regularidad y vestirte bien. La baja autoestima puede hacer que odies tu cuerpo, y puedes terminar no mirándote en el espejo.

El menosprecio por ti mismo y por el aspecto de tu cuerpo puede llevarte a hábitos destructivos como el hambre, la anorexia, el comer compulsivamente y, a veces, la bulimia. Estas prácticas pueden ser mortales si no se tratan a tiempo. Y a medida que envejeces, los cambios en tu cuerpo se vuelven aún más desafiantes.

A partir de la explicación anterior, notarás que la imagen corporal tiene mucho que ver con la forma en que te relacionas con tu cuerpo. Es tu relación con tu cuerpo, la forma en que piensas y sientes acerca de ti mismo y tu visión de lo que es ser guapo. En esta sección, exploraremos cómo te relacionas con tu cuerpo y cuán importante es esto para tu autoestima. Es posible mirarte a ti mismo de forma positiva y amar tu imagen corporal.

La imagen de tu cuerpo es como te ves a ti mismo en tu mente. Como hombre, a menudo puedes subestimar el tamaño de tu cuerpo y tu masculinidad. Si no estás satisfecho con tu imagen corporal, te hará infeliz toda tu vida. Cambiar tu imagen corporal puede ser un esfuerzo frustrante y decepcionante.

Recuerda, sentirte bien con tu aspecto tiene mucho que ver con otras cosas además de tu peso y tu forma corporal. Los hombres siempre se preocupan por su apariencia, aunque existe la percepción de que las mujeres son más expresivas sobre su apariencia e invierten una cantidad significativa de tiempo y dinero en mejorar su apariencia en un momento dado. Este libro verá la imagen del cuerpo en un sentido más amplio. El viaje hacia la aceptación de cómo te ves puede ser un desafío. Pero esta sección explorará las estrategias necesarias para mejorar tu autoconfianza aceptando primero tu imagen corporal, cómo te ves y cómo deseas que los demás te perciban.

Sintiéndote bien con tu apariencia

Usemos el ejemplo de "Pablo", para el efecto, tú eres Pablo. Eres un abogado inteligente y atractivo. Has logrado mucho en tu vida y tus compañeros de trabajo te aprecian. Pero siempre estás solo en casa cuando se trata de asistir a fiestas y noches de cine. Cuando te preguntan, dices que has estado muy ocupado para socializar últimamente. Pero la verdad es que tienes miedo de conocer gente nueva; y peor aún, tienes miedo de conocer y hablar con las damas.

Tienes unas entradas en la cabellera que te hace pensar que no le gustarás a nadie de esa manera. Normalmente evitas invitar a las damas a salir a menos que te empujen tus amigos. Incluso cuando estás en una cita, no te concentras en la conversación porque siempre estás pensando que la dama está mirando tu cabello. Miras las entradas en la cabellera como calvicie, una característica única que tus compañeros no tienen. Tus dudas se arrastran a tu trabajo, y empiezas a faltar a las citas con tus colegas.

En este ejemplo, vemos la imagen corporal como una visión interna personal de tu cuerpo exterior. Es la forma en que percibes tu propio cuerpo y tu apariencia general. La forma en que apareces de verdad tiene poca relación con tu sentido de atracción. Cuando un hombre es guapo, esto no garantiza la imagen corporal correcta. Puedes ser atractivo, pero aun así estar insatisfecho con tu apariencia. Se te puede decir varias veces que te ves bien, pero te ves a ti mismo bajo una luz completamente diferente.

¿Por qué te ves diferente?

La imagen corporal tiene mucho que ver con la forma en que te ves a ti mismo. Una mala imagen corporal se centrará en las partes del cuerpo que odias, y olvidarás las que te resultan atractivas. En consecuencia, puedes tener una visión distorsionada de ti mismo. Puede que estés preocupado por el tono de tu piel, y nunca prestes atención a tu propia sonrisa atractiva, una característica que la gente ve rápidamente la primera vez que te conocen.

La imagen de tu cuerpo afectará a tu forma de ser:

1. Piensa;
2. Siente; y
3. Actúa.

Una imagen corporal negativa hará que te sientas insatisfecho contigo mismo, y terminarás perdiendo el tiempo preocupándote por ti. Puede hacerte sentir inadecuado y frustrado. Por el contrario, la imagen corporal correcta te hace más seguro de ti mismo, aumenta tu autoestima y terminas gustándote más.

Una imagen corporal adversa hará que te castigues por tus pequeños defectos. Te hace monitorear tu entorno con atención para buscar pistas que se relacionen con tu apariencia. Esto te hace muy sensible cuando hay gente a tu alrededor, y más aún cuando alguien comenta tu apariencia. Esto te hará sentir muy inseguro, ansioso en las situaciones sociales, y evitarás algunas cosas, ya que te hacen sentir incómodo. Te hace sentir menos masculino, lo que, a su vez, reducirá tu placer sexual, y eso puede llevar a que también se vea afectada tu autoestima.

Una imagen corporal negativa te hace sentir que eres una persona menos deseable, y te hará sentir desanimado sobre tu futuro. A veces, esto puede hacer que te quedes todo el día en casa, ya que no quieres que la gente te mire. Puede hacer que te compares con personas que consideras más atractivas y por lo tanto te hará gastar mucho tiempo y esfuerzo tratando de mejorar tu apariencia. Este hábito, sentimiento y comportamiento te hará fracasar o sentirte inferior. Cuanto más te sientas insatisfecho con tu apariencia, más tiempo permanecerá esa sensación y, por lo tanto, es más probable que sufras como resultado.

Para manejar una imagen corporal negativa, considera que no estás solo en este mundo. Sí, estás hecho de manera única, pero eso no significa que ninguna otra persona comparta tus rasgos peculiares. Mucha gente está insatisfecha con su aspecto. Esto a menudo aumenta en alguna etapa de la vida como la pubertad y la adolescencia o la madurez. En esta etapa, puedes volverte sensible al aspecto de tu cabello, tu piel e incluso tu ropa.

¿Qué es un aspecto natural?

Si te preocupa tu aspecto, es mejor que intentes eliminar la preocupación por la normalidad y, en su lugar, examines el impacto de esas mismas preocupaciones en tu propia vida. El descontento con tu apariencia debe manejarse con cuidado, ya que puede terminar afectándote severamente. Pensar en la apariencia puede afectarte todo el día, dejándote pegado al espejo y preocupado por no verte bien.

El factor crítico aquí es cuán preocupado estás con tu apariencia y cómo está afectando tu vida. Hay una delgada línea entre tener una perspectiva saludable y una no saludable, especialmente en una sociedad que está llena de personas que insatisfechas con su apariencia.

Es difícil decidir si la angustia y el deterioro, como resultado de las dudas sobre la apariencia, deben considerarse normales, o si deben clasificarse como una enfermedad psiquiátrica. Las preocupaciones severas sobre la apariencia son también un signo de algunos trastornos mentales. Por lo tanto, el Trastorno Dismórfico Corporal (TDC) debe ser diagnosticado por un especialista que comprenda las diferencias. Si tienes anorexia nerviosa, por ejemplo, siempre te preocupas por tu aspecto, pero la anorexia suele estar asociada a hábitos alimentarios muy alterados, y la preocupación por el aspecto físico se centra totalmente en el peso.

Los síntomas del TDC a menudo se asemejan a los de otros trastornos, lo que puede provocar fácilmente un diagnóstico y un tratamiento erróneos.

El TDC generalmente comienza durante la adolescencia. Se vuelve crónico, incluso dura más tiempo sin mejorar. El TDC es más frecuente en los hombres en comparación con las mujeres.

¿Cómo saber si tienes TDC?

Es crucial tener una idea de la gravedad del problema antes de abordarlo. Por lo tanto, el siguiente examen puede darte pistas sobre si tienes TDC o no. Sin embargo, este diagnóstico solo puede ser realizado por un profesional calificado. Este libro solo te ofrecerá una guía para identificar las señales y síntomas del TDC.

En caso de que respondas "Sí" a todas las preguntas, tu problema no está relacionado con los malos hábitos alimenticios, sino que puedes estar sufriendo de TDC. Cuando tu TDC es extremadamente angustiante o perjudicial, debes visitar a un médico. Del mismo modo, si dudas de tu capacidad para utilizar la autoayuda, considera la posibilidad de contratar a un psiquiatra cualificado con experiencia en el manejo del TDC. Este es un desorden sensible y a menudo mal manejado por personas que no tienen una idea clara de cómo debe ser tratado.

Signos de TDC

Responde a las siguientes preguntas honestamente. Estas preguntas darán pistas sobre si estás afectado por el TDC o no.

1. ¿Odias tu aspecto?
2. ¿Piensas en tu aspecto durante más de tres horas al día?
3. ¿Consideras que tu preocupación por tu apariencia es excesiva, o te han dicho que te ves hermoso o apuesto y que te preocupas demasiado por tu apariencia?
4. ¿Te involucras en actividades con la intención de ocultar o arreglar tu apariencia? Por ejemplo, mirarte al espejo, compararte con otras personas, y conductas de aseo excesivo.
5. ¿Evitas lugares, personas o actividades solo por tu apariencia? Por ejemplo, ¿te mantienes alejado de las luces brillantes o evitas los espejos, las citas o las grandes fiestas?
6. ¿Tus pensamientos o hábitos relacionados con la apariencia te causan ansiedad, tristeza o vergüenza?
7. ¿Tienes dificultades en el trabajo, la escuela, los vecinos, la familia o los amigos debido a tu preocupación por tu apariencia?

La depresión como signo de TDC

Todo el mundo se siente deprimido a veces, eso es normal. Pero en caso de que tu depresión dure más tiempo y cause angustia, puede que tengas un problema que necesite una acción urgente. Si sospechas que sufres de depresión, echa un vistazo a estos síntomas:

- Sentirte siempre deprimido, infeliz y de mal humor: durante muchas semanas, a veces más tiempo.
- Disminución del deseo de dedicarte a tus hobbies y actividades de ocio.
- Sentirte cansado y con poca energía, a pesar de la falta de actividad.
- Aumento o reducción del apetito, con notable aumento o pérdida de peso.
- Dificultad para dormir, despertarte demasiado temprano por la mañana o dormir más de lo habitual.
- Sentirte lento, inquieto o agitado, disminución de la capacidad de tomar decisiones o dificultad para concentrarse.
- Sentirte inútil, culpable o desesperado.
- Pensamientos excesivos de suicidio o muerte.

Más del 75% de las personas con TDC muestran signos de depresión. Por lo tanto, si te han diagnosticado TDC o crees que lo tienes, y también estás experimentando algunos de los síntomas anteriores, busca la ayuda de un profesional.

¡Incluso los hombres necesitan amor propio!

A menudo se interpreta erróneamente que solo las mujeres deben tener un excesivo amor propio. Esta es una suposición errónea porque los hombres también deberían amarse a sí mismos. Los hombres son conocidos por ser desinteresados y a menudo no se preocupan mucho por ellos mismos. Pero últimamente, esto está cambiando, y más y más hombres están desarrollando el amor propio.

Amarte a ti mismo es un desafío que emana de tus sentimientos personales de insuficiencia. Más y más hombres deberían ser desafiados a amarse a sí mismos como una forma de empoderarlos para enfrentar los pensamientos negativos que a menudo albergan. Una vez que se manejan los pensamientos negativos, normalmente se empieza a pasar a una experiencia positiva con toda la mente y el cuerpo.

Cuando tienes una creencia limitante o una actitud negativa hacia ti mismo, siempre estarás agobiado por tu negatividad. Una vez que te trates con amor, respeto y cuidado personal, crecerás y brillarás de verdad, tratando a los demás de la misma manera.

Todos hemos aprendido que amar a los demás es algo bueno, y nos olvidamos de amarnos a nosotros mismos, aunque amarse a uno mismo nunca se ha considerado un gran problema. Pero, ¿por qué es esto?

Puede ser una suposición de que automáticamente te amas a ti mismo. Por lo tanto, el único amor en el que se supone que debes trabajar es en tu amor por los demás. Al hacerlo, las cosas que afectan a los individuos como el estrés y la depresión no se abordarán a tiempo.

Muchos hombres no saben cómo practicar el amor propio. Y puede que incluso ofensiva e inapropiadamente compares el amor propio con ser "gay" o "marica". Pero el amor propio es tan importante para los hombres como para las mujeres. Para desarrollar el amor propio, debes formar hábitos; hábitos positivos que aumenten tu autoestima. En esta sección, discutiremos los hábitos que debes desarrollar para practicar el amor propio. Hay muchas maneras de practicar el amor propio para los hombres, pero nos centraremos en los trece hábitos más importantes.

Trece hábitos a practicar para desarrollar el amor propio

1. Tómate una foto y guárdala en tu teléfono.

Los hombres a menudo consideran que tomar una "selfie" es algo femenino. Para aumentar tu autoestima, es esencial mirarse repetidamente y afirmarse. Hay mucha presión en el mundo para verse bien. ¿Cuántas fotos te tomas y luego las borras antes de publicar lo que consideras la foto perfecta en las redes sociales?

Debes creer que siempre te ves bien, y afirmarte independientemente de lo que consideres un defecto. Por lo tanto, toma una foto de ti mismo, no importa cuán robusto te veas, mírala, y deja que se quede estratégicamente en tu teléfono. Si te gusta tanto, adelante y compártela en las redes sociales de tu elección. Esta acción multiplicará por diez tu amor propio.

También puedes hacer una mini sesión de fotos con un amigo o un familiar. Esto hará que el modelo que llevas dentro salga. Sé tonto y sensual a veces. Permítete ser libre y ser la estrella por un momento, date cuenta que puedes expresarte de cualquier manera que desees en este mundo.

2. Mírate en el espejo y aprecia lo que te gusta de ti mismo.

Este ejercicio puede ser un desafío porque tu instinto será escoger primero lo negativo de ti mismo. Necesitas alejar esa voz negativa, aunque sea brevemente. Practica esto diariamente para permitir que los pensamientos positivos prevalezcan; intenta afirmaciones positivas y decir cosas como: "Mi nariz se ve muy bien". Intenta encontrar lo positivo, y eventualmente tendrás una perspectiva diferente de todo.

3. Haz una lista de lo que te gusta en los demás.

Si trabajas duro y haces feliz a los demás, automáticamente serás amado por la sociedad, la familia y los amigos. Esto aumentará tu autoestima y, a su vez, hará que te ames más y más. Tal logro está destinado a aumentar tu confianza en ti mismo y tus sentimientos de autoestima. Cuando otras personas aprecien lo que haces por ellas, sentirás que eres digno de estar en el mundo y que estás contribuyendo a una causa digna. Piensa en los atributos que amas en la gente que te rodea, y celébralos, haciéndolos sentir valorados y apreciados.

Cuando practiques hacer esto a menudo, serás un imán para la gente, y toda la comunidad te apreciará y deseará estar a tu alrededor o copiar lo que estás haciendo. Así, cuando te amas a ti mismo, los demás automáticamente lo entenderán y te amarán aún más. Practicar esto con regularidad te ayudará a descubrir el tipo de persona que te gustaría ser.

4. Lee un libro o un poema.

La lectura es una conexión íntima con los pensamientos, gustos y temas que el autor ama. Cuando practiques la lectura de libros de autoayuda regularmente, te ayudará a aumentar tu autoestima. La poesía tiene el poder de hacer que la gente se sienta especial. Los poemas de amor pueden ser tranquilizadores o tristes. A veces, los poemas serán floridos y muy hermosos, y a veces irán directamente al grano. Los poemas abren a la gente al amor. Leer un poema o un libro romántico equivale a enamorarse y estar en el mundo del autor, y la lectura puede darte nuevas perspectivas de la vida y ayudarte a "ponerte en los zapatos de otro", lo que puede desarrollar la compasión por ti mismo y por los demás.

5. Ámate a ti mismo - abrázate y di que te amas a ti mismo.

Cuando te amas a ti mismo, otras personas te amarán. El mundo resonará a tu alrededor en la frecuencia que te ajustes. Si eres positivo sobre ti mismo y tus compañeros, familia y amigos, el mundo responderá con positividad también. Abrazarte a ti mismo puede parecer una tontería. Pero ese pequeño momento aumentará tu autoestima diez veces. Nunca tengas miedo de mostrarte afecto. Cuando te ames a ti mismo, recordarás que también debes tratar a los demás como te tratarías a ti mismo. Eso es con honestidad y cuidado. Cuando te amas mucho a ti mismo, abres ventanas para que ames a los demás.

6. Lleva un diario de tus recientes logros.

Debes desarrollar el hábito de registrar o documentar tus logros. Por ejemplo, toma un bolígrafo y papel y escribe lo que has logrado en el último día, seguido de la semana, y luego todo el mes anterior. Registra tus logros en el papel. A veces esto puede motivarte, pero otras veces puede dejarte sin valor, especialmente si no has logrado nada en el pasado. Cuando hagas esto, serás capaz de organizar tus tareas pendientes y sabrás cuánto tiempo te has retrasado. En definitiva, el marcar los acontecimientos ayuda a planificar mejor el futuro.

7. Huye de la negatividad.

Los pensamientos negativos surgen por lo que regularmente alimentamos nuestras mentes. Si alimentas continuamente tu cerebro con creencias limitantes, se convertirá en parte de ti, y se manifestará en tu desempeño pobre y en la reducción de la confianza en ti mismo, ya que tu ego ya habrá sido dañado. También debes evitar los artilugios dañinos y las piezas de tecnología para alimentar el pensamiento positivo. Deberías dejar de seguir y salir de blogs y sitios de redes sociales que no agregan valor a tu vida. Deberías dedicar tu tiempo a cosas importantes. Únete a sitios de redes sociales y sitios web que aplauden a sus miembros y los elevan en lugar de agobiarlos.

8. Ordena tu vida.

Revisa tu armario y regala todo lo que no necesites. Al hacerlo, tu autoestima aumentará. Esto es porque desarrollarás un sentimiento interno de haber logrado algo, como ayudar a una persona necesitada. Puede que hayas desarrollado el hábito de guardar cosas en tu casa, cosas que raramente usas. Esto es como llevar un peso muerto que no es necesario, una carga que puedes descargar, y seguirás viviendo bien. Todo esto significa que debes reducir el peso muerto y dejar solo la ropa que te queda perfectamente y que todavía está en buenas condiciones.

9. Rodéate de gente positiva.

Esto puede ser un desafío que probablemente te resulte difícil. Es algo muy sensible, y es probable herir los sentimientos de alguien en el proceso. Y tú no eres una excepción, ya que los sentimientos heridos pueden ser tuyos. En última instancia, sin embargo, esto tendrá un impacto positivo significativo en tu vida. Es bastante fácil quedarse con amigos que te derriban, te rechazan y dejan tu ego herido en el proceso. Esto no es fácil para tu bienestar mental o para tu autoestima. Debes rodearte de gente que te levante y puedan ascender a nuevas alturas juntos.

Por supuesto, esto es más fácil de decir que de hacer Es un reto acabar con las amistades, sobre todo cuando datan de tiempo atrás. Es esencial hablar con los amigos para darles la oportunidad de entender su comportamiento y cambiar, antes de cortar con ellos. Incluso puedes subir un nivel y escribir una carta si te sientes incómodo hablando con ellos cara a cara. Asegúrate de que sepan cómo su comportamiento o estilo de vida te descarrila. La gente a menudo no entiende que sus comentarios pueden herirte o destrozarte. Si intentan cambiar, habrás fortalecido tu amistad. Por otro lado, si se niegan a cambiar para mejor, considera que has logrado lo que te propusiste, ya que dijiste lo que pensabas desde el principio y ahora puedes dejar atrás la amistad negativa.

10. Aprende algo nuevo cada día.

En el pasado, eras joven, y el mundo entero parecía nuevo. Puedes revivir el pasado aprovechando los pensamientos que forman tu cerebro. De vez en cuando, deberías permitirte leer un libro, un blog, una revista, un diario o un artículo. Deberías pasar algún tiempo aprendiendo algo nuevo de estos libros o también físicamente. Intenta algo fuera de tu zona, como diseñar un sitio web o jugar al golf. Intenta aprender a tocar la guitarra gradualmente desde los acordes básicos hasta las notas complicadas.

11. Otórgate gustos.

Deberías considerar darte un gusto llevándote a cenar y a dar paseos. Date el gusto de ver tu película favorita. Puedes elegir una película de tu infancia y verla para disfrutarla. Permítete relajarte por un tiempo y repasa las partes favoritas de tu pasado. De esto, puedes derivar lecciones que usarás en tus futuros esfuerzos.

12. Practica la autoconversación.

Por extraño que parezca, hablar contigo mismo es fundamental cuando deseas tratar temas sobre ti mismo. Necesitas interrogarte seriamente. Como se discutió en el apartado de imagen corporal en la sección anterior, puede que tengas problemas con el aspecto de una parte específica de tu cuerpo. Habla con esta parte del cuerpo y sobre ella al mismo tiempo. La charla con uno mismo siempre debe ser positiva. Háblate a ti mismo de vez en cuando, y al hacerlo, los pensamientos negativos se bloquearán de tu mente.

13. Practica el perdonarte a ti mismo.

Todo el mundo comete errores. Pero aun así te gusta culparte a ti mismo por los pequeños errores que has cometido. Piensa en la transformación que deseas presenciar a largo plazo. Entonces perdónate. Aprecia lo que ha ocurrido, pero recuerda que eso es el pasado y trata con las consecuencias emergentes.

Un crecimiento significativo en ti mismo se logrará cuando te perdones a ti mismo. Es fácil seguir haciéndote la pregunta "¿Qué hubiera pasado si?" que te hará estancarte. No puedes avanzar de esa manera. Perdonarse significa que te aprecias como humano y que aceptas que eres imperfecto y defectuoso como todos los humanos.

Los trece hábitos anteriores son solo algunas de las prácticas que, si se hacen repetidamente, te permitirán amarte a ti mismo.

Trece hábitos de autoestima para practicar diariamente

Esta sección te proporcionará trece hábitos simples y fáciles de implementar que elevarán y aumentarán tu autoestima positiva. El compromiso de practicar estos hábitos utilizará sabiamente tu tiempo y, a su vez, mejorará tu vida.

No toma mucho tiempo desarrollar tu autoestima. Hay un sinnúmero de cosas que puedes hacer para mejorar tu autoestima y mejorar tu vida. Los trece hábitos que se detallan a continuación han sido cuidadosamente seleccionados entre muchos. Las prácticas son cortas y puntuales:

1. Escoge y domina algo que te guste.

Establece una habilidad haciendo algo que amas. Requerirá trabajo duro y dedicación para lograrlo, pero al final valdrá la pena el esfuerzo que le dediques. Para lograrlo, debes estar dispuesto a mantenerlo y estar determinado a tener éxito.

Para disfrutar de la vida, debes enfocar tu potencial en lo que haces bien, en vez de en tus limitaciones. Debes maximizar tus aptitudes y habilidades innatas. Todo hombre tiene una debilidad, y se necesitará valor para admitir tus defectos. Pero es tranquilizador darse cuenta de que tienes tus fortalezas y reconoces que tienes talentos y cualidades personales que otros no tienen.

Hay diferentes enfoques para lograr esto; puedes leer libros sobre el tema, hablar con personas en el campo de tu interés, o buscar información en la web y en los medios electrónicos sobre el tema que te interesa.

Como dice el dicho, "La práctica hace la perfección". Para llegar a dominar una habilidad más rápido, debes practicarla más a menudo. Si lo haces regularmente, seguirás mejorando continuamente para mejorar esa habilidad. A medida que tu competencia en la actividad crece, será una fuente de satisfacción y logro para ti.

El mundo está lleno de hombres sin éxito, pero con talento, pero les falta confianza y persistencia. Puede que sientas, como ellos, que no importa lo competente que seas en algo, alguien en otro lugar es mejor que tú. No deberías ser uno de ellos.

2. Investiga en línea, lee libros y artículos que te eleven la moral.

Si te desprecias a ti mismo, puedes mejorar tu autoestima leyendo materiales que te ayuden a ver el lado positivo de tu vida. Puedes ajustar tu vida tomando el control de lo que consumes en línea y de los libros.

Ver programas de televisión, películas y comerciales reducirá tu autoestima y te hará sentir que no eres lo suficientemente bueno. Tu autoestima puede disminuir si eso es lo que consume gran parte de tu tiempo.

Deberías leer material que subraye la mejora de la autoestima, la motivación y otras formas de mejorar tu estado de ánimo.

3. Siempre revisa tus actividades del día.

Al final del día, evaluar lo que ha ido bien durante el día puede ayudar a desarrollar tu autoestima. Acostúmbrate a reservar unos minutos para discutir los eventos del día contigo mismo. La forma correcta de abordar esto es cerrando los ojos y relajándote. Con los ojos cerrados, intenta repasar los acontecimientos del día. Empieza por la mañana, luego al mediodía, hasta que haya evaluado los eventos de esa noche. Evalúa los eventos que ocurrieron, las personas con las que interactuaste y, lo más importante, las decisiones que tomaste, incluyendo los éxitos y fracasos del día.

Deberías estar agradecido por todo lo que salió bien durante el día. Para mejorar tu autoestima, identifica al menos cuatro cosas que lograste con éxito; siempre agradece las cosas que hiciste bien durante el día. Después de eso, anota las cosas que podrías haber hecho de manera diferente.

Este sencillo ejercicio te ayuda a identificar lo bueno que ocurre en tu vida y te muestra cómo puedes mejorarlo en el futuro.

4. Evita los comportamientos que te hagan perder el tiempo.

Descubre tus malos hábitos y trata de evitarlos. Los malos hábitos pueden incluir ver la televisión, jugar a juegos, el exceso de Internet, etc. Estos son hábitos que hacen perder el tiempo y que no añaden nada a tu sentido de autoestima. En este caso, deberías dejar estos hábitos por completo o reducir el tiempo que les dedicas. Usa esas horas para hacer cosas constructivas, creativas y positivas.

Para identificar los hábitos que te hacen perder el tiempo, formúlate las siguientes preguntas:

✔ ¿Qué es lo que más te emociona?

✔ ¿Qué te gusta hacer, o qué puedes hacer sin que te obliguen a hacerlo?

✔ ¿Qué resultados finales quieres conseguir?

5. Enumera todos tus logros.

Cuando sientas que tienes una baja opinión de ti mismo, considera hacer una lista de todos tus logros. Este pequeño ejercicio transformará tu enfoque. Para hacer este ejercicio:

✔ Consigue un bolígrafo y papel o usa sistemas en línea. Establece un límite de tiempo para la actividad; esto te ayudará a evitar pasar mucho tiempo en la tarea.

✔ Anota todos tus logros, tanto los de tu juventud como los actuales.

✔ La lista debe contener logros de cualquier magnitud: grandes o pequeños.

✔ La lista debe incluir no solo lo que has hecho por ti mismo, sino también lo que has hecho por los demás.

Una vez que hayas hecho la lista de logros, léela varias veces, afirmándote por los logros enumerados.

6. Sal con amigos.

Los verdaderos amigos te querrán por lo que eres y te proporcionarán compañía basándose en eso. Salir con amigos mejorará tu vínculo con ellos. Salir incluye ir a ver películas o música en vivo, ir de compras, al parque, a los bolos, a cenar, a fiestas, al gimnasio, a eventos deportivos, etc.

7. Enseña a otros una habilidad que hayas perfeccionado.

El mero hecho de que puedas impartir el conocimiento de una habilidad que has desarrollado a otros aumentará tu autoconfianza. Cuando enseñas a otros, te conviertes en un modelo a seguir para ellos. Enseñar te ayudará a verte a ti mismo positivamente como un hacedor de cambios. Aquí, la confianza en uno mismo es tener la creencia de que eres capaz de lograr algo. Significa que te respetas a ti mismo y crees que tienes valor, independientemente de lo que hagas.

Ayudar a los estudiantes a obtener una mayor comprensión de una habilidad específica, desarrollará la autoconfianza y la autoestima de tus estudiantes también.

8. Planea un viaje lleno de diversión.

Planificar un viaje suele ser una aventura y la emoción que conlleva. La etapa de planificación del viaje te dará un sentido de pertenencia y valor. Si tus amigos y tu familia te permiten planear el viaje, esto aumentará tu autoestima, porque te verás a ti mismo como un contribuyente a la actividad.

El proceso de planificación incluirá algunas actividades de equipo como:

✔ Hablar con tus colegas o amigos y familiares que quieran unirse.

✔ Hacer y compartir una lista de las actividades divertidas que ofrecen los lugares que has elegido para visitar, por ejemplo, playas, museos, etc.

✔ Considerar los patrones climáticos del destino, y qué llevar para el viaje.

9. Ofrecerse como voluntario para apoyar una causa.

Ayudar a otros de forma gratuita siempre te hará sentir bien contigo mismo. Ser voluntario te ayuda a conectarte con tus compañeros y a sentirte orgulloso de la causa. Al mismo tiempo, ser voluntario te da la oportunidad de devolver algo a la comunidad.

Hay muchos beneficios del voluntariado que conducen a un aumento de los sentimientos de autoestima; entre ellos se incluyen:

✔ Ayudándote a desarrollar tus contactos y hacer nuevos amigos o conexiones. Tales conexiones son necesarias para una autoestima positiva.

✔ Permitiéndote practicar y perfeccionar tus habilidades sociales.

✔ Sintiéndote bien al implementar algo tan importante y digno para los demás.

✔ Haciendo felices a aquellos a los que estás ayudando, y al mismo tiempo, serás feliz cuando todo salga como se ha planeado.

✔ Concediéndote la oportunidad de probar cosas nuevas.

✔ Equipándote con nuevas habilidades transferibles.

Cuando decidas ofrecerte como voluntario a una causa(s), no debes limitarte a una organización. Es bueno ser voluntario de muchas organizaciones; para aprovechar las oportunidades de aprendizaje, y establecer si te conectas con el personal.

10. Recuerda que tus circunstancias no te definen.

Los pensamientos negativos siempre conducirán a una baja autoestima. Nunca permitas que tus circunstancias determinen quién eres. Recuerda que la situación en la que estás es temporal.

Intenta distanciarte de las situaciones que no te llevan a ninguna parte. Si no estás satisfecho con los eventos que ocurrieron en tu pasado, debes entender que no determinan quién eres.

11. Lee y escribe una reseña de tu libro favorito.

Además puedes tomar una foto de ti mismo cuando termines de leer un libro y publicarla en un grupo de lectores con ideas afines. Hacer esto mejorará tu autoestima, ya que te apreciarás a ti mismo por haber terminado el libro. Luego publica una reseña del libro en línea, ya sea en tu blog o en las redes sociales. Los libros son increíbles. Una vez que desarrolles el hábito de leer libros que te den poder, tu autoestima aumentará automáticamente.

12. Haz una lista de cinco cosas o más sobre ti.

Como se discutió anteriormente, enumera las cosas internas que te definen. Ahora, aquí consideraremos las cosas físicas que puedes hacer para mejorar tu autoestima. Hay varias cosas que puedes hacer. Por lo tanto, debes hacer una lista de cosas positivas que puedes lograr con un mínimo esfuerzo. En los días en que no puedas amarte a ti mismo, saca esta lista y léela una y otra vez.

13. Deja mensajes positivos en notas adhesivas en tu espejo.

El espejo es un lugar en la casa que, pase lo que pase, tendrás que visitar todos los días. Es importante rodear el espejo y toda la casa con mensajes positivos. Mirar estos mensajes todos los días ayudará a que sean permanentes en tu mente. Las notas adhesivas pueden tener citas motivacionales que ayudarán a desencadenar algo en ti cada vez que las mires.

Los trece hábitos mencionados anteriormente son solo algunos de los muchos que pueden aumentar tu autoestima. Si se practican a diario, religiosamente y de forma consistente, estos hábitos se convertirán en una parte innata de ti. Ni siquiera notarás cómo los cumplirás, ya que los procesos serán rápidos y sin esfuerzo.

PARTE 2: Autoconfianza

Autoestima vs. autoconfianza

En la primera parte, exploramos mucho sobre la autoestima. En esta sección, compararemos la autoestima y la confianza. Hay una delgada línea entre las dos. Los hombres siempre querrán tener confianza y una alta autoestima. Puede que no lo digas en voz alta, pero el deseo está ahí dentro de ti.

La autoestima y la autoconfianza son palabras compuestas. Están formadas de dos partes: "auto" y estima, "auto" y confianza. La primera parte de estas palabras es significativa.

La confianza se puede ver en tres perspectivas:

- Como autoseguridad: Esta definición se refiere a la confianza en uno mismo como la capacidad de actuar hasta un cierto nivel.

- Creencia en las capacidades de los demás: Aquí la confianza hace hincapié en cómo te gustaría que los demás se comportaran de manera confiable o competente.

- Mantener la información en secreto o restringida a algunas personas: La confianza aquí se define como ocultar información a otras personas.

Esto significa que la confianza no consiste solo en sentirse bien por dentro, aunque sentirse bien es una ventaja.

La confianza viene con la práctica y con la forma en que te familiarizas con lo que haces. A continuación se presentan ocho signos que indican si tienes la suficiente confianza:

✔ Estas preparado y bien equilibrado.

✔ Respiras sin esfuerzo.

✔ Te mueves hacia tus objetivos en la vida sin problemas y con un sentido de propósito.

✔ Eres proactivo en lugar de reactivo y defensivo.

✔ Respondes a las situaciones y desafíos en lugar de reaccionar a ellas.

✔ Estás seguro de que puedes lidiar con cualquier cosa que la vida te arroje, incluso si está fuera de tu control.

✔ Puedes permitirte el lujo de reírte de ti mismo.

✔ Crees que todo estará bien al final, sin importar el tiempo que tome.

Esta sección te ayudará a encontrar tu confianza interior y te permitirá dar el primer paso en tu viaje hacia el éxito, por muy aterrador o difícil que parezca en este momento.

Diez indicadores de confianza

Abajo hay diez señales de un hombre seguro. Cuando actúas con confianza, es probable que tengas algunas de estas diez cualidades:

1. **Autodirección y valor.** Si eres un hombre seguro, sabrás lo que quieres y hacia dónde te diriges y lo que es importante para ti.

2. **Motivado.** La confianza lleva a una alta motivación, y disfrutarás de lo que haces. Puede que estés tan comprometido con lo que haces que no te distraigas con nada.

3. **Exhibes estabilidad emocional.** Como hombre seguro de ti mismo, es más probable que estés tranquilo y centrado en cómo te acercas a las personas y a los desafíos. Podrás sentir emociones

difíciles como la ira y la ansiedad, y trabajarás con ellas en lugar de dejar que te superen.

4. Piensas en positivo. La confianza lleva a una mentalidad positiva. Puedes ser optimista y ver siempre el lado bueno de todo, incluyendo los desafíos y los contratiempos. Tienes una consideración positiva sobre ti y sobre los demás.

5. Consciente de ti mismo. Sabes en qué eres bueno, y lo que puedes manejar. Sabes cómo te ves y cómo suenas para los demás. Reconoces que eres un ser humano y que no eres perfecto.

6. Flexibilidad. Adaptas tu comportamiento de acuerdo a la situación en cuestión. Puedes ver el panorama general mientras que al mismo tiempo estás atento a los detalles. Siempre consideras los puntos de vista de los demás al tomar decisiones.

7. Ansioso por desarrollarte. Disfrutas de expandirte. Tratas cada día como una experiencia de aprendizaje en lugar de actuar como si fueras un experto sin nada nuevo que aprender.

8. Sano y enérgico. Estás en contacto con tu cuerpo y lo respetas, y tienes la sensación de que tu energía fluye libremente. Puedes manejar situaciones estresantes sin agotarte.

9. Dispuesto a correr riesgos. Puedes tomar riesgos y actuar ante la incertidumbre. Te pondrás al frente incluso cuando no tengas las habilidades y respuestas necesarias para la situación en cuestión.

10. Tienes un sentido de propósito. Tienes un alto sentido de la coherencia de los diferentes aspectos de tu vida.

Prueba de autoconfianza

El cuestionario de 20 puntos que se presenta a continuación se deriva de los indicadores de confianza anteriores. Para medir tu nivel de confianza, responde a todas las preguntas indicando si estás de acuerdo o no con las afirmaciones de la escala de cinco puntos proporcionada. Debes hacer la prueba tantas veces como quieras y seguir la evolución de la misma.

Una vez que hayas hecho la prueba, guarda los resultados en un diario y hazla de nuevo en cuatro a seis meses, y anota el desarrollo. Completar esta prueba te ayudará a descubrir los aspectos de tu vida que afectan a tu confianza. Intenta responder a las preguntas con precisión para que puedas evaluar correctamente tu nivel de confianza y prescribir el remedio adecuado para lo que falta. Marca donde corresponda.

Declaración	Totalmente de acuerdo	De acuerdo	Neutral	En desacuerdo	Totalmente en desacuerdo
Sabes lo que es importante para ti.					
Sabes lo que necesitas en la vida.					
Nunca te odias a ti mismo por fallar.					
Puedes mantener la calma y pensar cuando las cosas se ponen difíciles					
Todo lo que haces implica cosas que te gusta hacer.					
A menudo te absorbes completamente en lo que haces.					
Eres bastante optimista.					
Te respetas a ti mismo y a la gente que te rodea.					
Conoces tus fortalezas y debilidades.					
Sabes lo que los demás consideran tus puntos fuertes.					
Consultas a los demás cuando es necesario, antes de actuar.					
Te gusta ver el panorama general y los detalles intrincados de las situaciones.					
Disfrutas aceptando nuevos retos.					

Te encanta buscar nuevas oportunidades y aprender y crecer a partir de ellas.					
Cuidas tu imagen corporal.					
Manejas bien el estrés.					
Tienes una actitud positiva hacia la toma de riesgos.					
Meditas regularmente.					
Tienes tu misión y propósito en la vida.					
Estás automotivado para manejar nuevos desafíos.					

Después de marcar el cuadrado apropiado en cada línea del cuestionario, adjudícate cinco puntos por cada marca en la columna "Totalmente de acuerdo", cuatro puntos en la columna "De acuerdo", tres puntos en la columna "Neutral", dos puntos en la columna "En desacuerdo" y un punto en la columna "Totalmente en desacuerdo".

Suma los puntos y analiza los resultados. Utiliza la siguiente escala de valoración para obtener consejos basados en tu puntuación. Esta actividad te ayudará a conocer las áreas de tu vida que requieren atención inmediata y las secciones de este libro que debes saltarte para leerlas inmediatamente.

Puntuación

Puntaje: 80 - 100. Esto significa que según todos los estándares, eres una persona segura de sí misma. Significa que tienes prioridades claras y que esperemos que persigas la vida que deseas.

Puntaje: 60 - 80. Tienes confianza en muchas situaciones. Solo unas pocas áreas de tu vida te hacen caer. Tienes un deseo ardiente de mejorar tu confianza y aumentar tu autoestima. Este libro te ayudará en tu viaje hacia la autoconfianza. Revisa la siguiente parte de este libro para mejorar estos aspectos.

Puntaje: 40 - 60. Has elegido el libro correcto. Los consejos y trucos de este libro te ayudarán a mejorar esta puntuación en un par de meses si los sigues religiosamente. En este momento, estás experimentando cierta incertidumbre en tu vida, y te preguntas si puedes hacer algo para resolver la situación. Necesitas darte un tiempo para trabajar en los aspectos que requieren atención inmediata, y estarás contento con tu progreso en unos pocos meses.

Puntaje: 20 - 40. Tienes muy poca confianza en ti mismo, pero no te preocupes porque no tiene por qué seguir siendo así. El hecho de haber realizado la prueba te ha puesto en el camino correcto para desarrollar tu confianza. Incluso si has obtenido una puntuación por debajo del promedio en esta prueba, puedes aumentar tu autoconfianza diez veces en los próximos 4-6 meses siguiendo los pasos y principios descritos en este libro. Lee este libro de principio a fin y encontrarás excelentes consejos que te pondrán en el camino correcto hacia la autoestima.

Una vez que hayas terminado el ejercicio y leas los consejos basados en tu puntuación, fíjate en la puntuación y revisa las partes que bajaron tu calificación general. Lee los capítulos relacionados con la mejora de esas áreas específicas de confianza. Haz el ejercicio unos meses más tarde, y notarás el progreso en tu evaluación. Este libro está lleno de consejos y orientación práctica para ayudarte a mejorar todos los aspectos que afectan a tu autoestima.

Repasa el contenido para identificar las áreas que te ayudarán a mejorar tu confianza rápidamente. La prueba anterior es simple pero muy poderosa para monitorear el crecimiento de tu creencia en ti mismo. La actividad también te permitirá identificar tus fortalezas y debilidades y encontrar la forma de lidiar con ellas de manera efectiva.

La prioridad eres tú

Ten en cuenta que la autoconfianza y la autoestima se aprovechan cuando te aceptas a ti mismo. El amor propio es el equilibrio entre aceptarte a ti mismo como eres, reconociendo que mereces algo mejor y trabajando duro para conseguirlo. A partir de la explicación anterior, te darás cuenta de que tú eres la prioridad. Debes hacerte la prioridad, para que el resto de las cosas caigan en su lugar.

No eres egoísta al priorizarte a ti mismo sobre los demás. Todo depende de las proporciones disponibles para compartir. Por ejemplo, si una naranja se corta en cuatro trozos para las cuatro personas de la habitación y eliges dos trozos en vez de uno, eso es ser egoísta. Independientemente de esto, es esencial ponerse en primer lugar. Debes guardar algo de energía para ti mismo en todo momento.

Estás solo en este mundo. Por lo tanto, la persona con la que estarás en una relación más tiempo que nadie es tú mismo. Si estás en una buena relación contigo mismo, podrás manejar bien tus relaciones con otras personas.

Desafortunadamente, tienes que aceptar que, aunque alguien tenga buenas intenciones, puede infligirte dolor repetidamente sin importar el efecto que su acción o inacción y sus palabras puedan causar. Una situación ideal sería estar en un lugar estable emocionalmente, en el que las acciones de otra persona no afecten a tu estado de ánimo.

Por lo tanto, el crecimiento personal es un proceso continuo, y puede llevar más tiempo llegar a donde te afecten menos las acciones de las personas. En este caso, te ves obligado a descartar a las personas que te hunden. Algunas personas pueden ser venenosas y restringirán tu progreso, de modo que ni siquiera puedes permitirte una sonrisa. Considera una planta. Si se la coloca en condiciones duras, no crecerá y finalmente se marchitará. Pero cuando se la coloca en las condiciones adecuadas, la planta prosperará y crecerá hasta convertirse en una hermosa planta. Una vez que haya crecido y establecido sus raíces y su tallo, será imposible destruirla.

Los seres humanos también pueden ser tóxicos. Una persona tóxica es alguien que:

- evalúa negativamente todos tus esfuerzos;
- exige mucho;
- te falta el respeto; y
- no apoya tus objetivos generales.

Tales personas pueden:

- reírse de ti;
- despreciarte;
- abusar de ti físicamente;
- manipularte; y/o
- te menosprecia.

Estas personas a menudo no están dispuestas a desafiar sus acciones dañinas y hacer los cambios necesarios. Por lo tanto, cuando te encuentres alrededor de tales personas que son tóxicas para ti, perderás tu paz interior. Esto puede forzarte a transferir el dolor infligido a otras personas. Ahora surge la pregunta de si es egoísta pensar en ti mismo. ¿No es egoísta de su parte esperar que estés bien con lo que te hacen?

Terminar una mala relación es difícil, ya que estas personas pueden estar cerca de ti. Pero es importante dejarlas ir, porque, una vez que eliminas a esas personas de tu vida, permites que la positividad fluya en tu vida. En el futuro, tendrás suficiente tiempo y amplio espacio para el autoexamen, el trabajo de recuperación y el desarrollo, y como la planta de la que hablamos antes, definitivamente podrás crecer.

Quince maneras probadas de aumentar tu autoconfianza

La confianza emana del interior de cada hombre. Las ideas, reflexiones y pensamientos de un hombre le ayudarán a construir su autoconfianza. A continuación hay quince maneras probadas de aumentar tu autoestima y por lo tanto tu confianza:

1. Ser paciente

Una persona segura de sí misma debe tener paciencia. Si, como hombre seguro de ti mismo, no alcanzas tus objetivos en el primer intento, no lo verás como un fracaso. Aprenderás de la experiencia y te esforzarás por hacerlo mejor la próxima vez que ocurra una situación similar. La paciencia es una virtud que acompaña a la persistencia. Fíjate en Thomas Edison, quien intentó inventar la bombilla y falló más de 10.000 veces. Cuando le preguntaron sobre su invento, Thomas dijo que no falló 10.000 veces, sino que descubrió 10.000 formas que no funcionaron. Eso demuestra persistencia.

2. Ámate a ti mismo

Como hombre, puedes pensar que está mal amarte a ti mismo. Lo consideras egoísta, arrogante y desagradable. Tener este tipo de actitud está mal, ya que confundes el amor propio con el orgullo y el narcisismo. Los narcisistas no se aman a sí mismos. En cambio, están enamorados de sí mismos, lo cual es muy diferente.

El no amarse a uno mismo lleva a un reducido sentido de autoestima, aceptación o pertenencia. Además, tu capacidad de amar a los demás se ve directamente afectada por tu capacidad de amarte a ti mismo.

3. Supera tus miedos

Superar algo que te asusta te hará aún más fuerte y más autosuficiente. Al superar tus preocupaciones, desarrollarás una forma eficiente y práctica de tratar con los desafíos que encuentres en la vida. No tiene por qué ser complicado. Lidia con el estrés y las preocupaciones que enfrentas en tu vida diaria. Este enfoque aumenta tu autoconfianza y tu sentido de autoestima.

Comprender tus miedos es el paso inicial para superarlos. Debes entender lo que te amenaza y te limita para lograr tu sentido de autoestima. Por el contrario, el miedo te impide salir de tu zona de confort.

4. Ten un mentor

Como Joe Montana dijo una vez, la confianza es algo muy frágil. Esto es cierto. La autoestima necesita ser cultivada y requiere un esfuerzo continuo para desarrollarla hasta madurar y convertirse en una parte innata del hombre. Si no desarrollaste tu autoestima a partir de la influencia de tus padres, no es demasiado tarde. Es hora de que identifiques a alguien que respetes en tu campo y le pidas que sea tu mentor. Mucha gente aceptará la petición y se ofrecerá a ayudarte.

La mentoría no debe confundirse con el entrenamiento o la terapia de vida. La mentoría es meramente un proceso por el cual uno se vuelve más conocedor y experimentado en un campo particular; un mentor te ayuda a navegar los rápidos del camino, ya que él mismo ha tomado ese camino. Tener un mentor en cualquier sector es valioso. Desarrollará una gran confianza a partir de la satisfacción de que alguien esté dispuesto a hablarte y guiarte en tu lucha por la vida.

5. Abraza nuevas ideas

Adoptar nuevas creencias cuando se trata de resolver problemas es de lo que se trata el aprendizaje y el desarrollo de la autoconfianza. Debes creer en tus recursos y en los de las personas en las que confías. Si intentas hacer todo a tu manera, sin acoger las nuevas e innovadoras ideas de los demás, estás destinado a fracasar.

Es prudente obtener información de las personas que te rodean. Aunque a veces las ideas que necesites salgan de tu cabeza, puedes terminar ignorándolas si tienes poca autoestima. Estar abierto a tus pensamientos es a menudo un desafío para muchos hombres. Si no estás abierto a las ideas diferentes de la gente que te rodea, tu autoestima será muy baja.

6. Sé confiable

Saber que puedes contar con la gente que amas, tus compañeros de equipo y tú mismo, significa que tienes las herramientas necesarias para superar los momentos difíciles de la vida. Hacerlo solo es posible, pero te llevará más tiempo. Tener a otras personas en tu vida que sean confiables siempre facilita las cosas, ya que estarás seguro de que no tienes que hacerlo todo tú solo.

Ser confiable puede hacerte más deseable. Te elevarás más cuando la gente sepa que puede confiar en ti. Cuando te das cuenta de que también puedes confiar en ti mismo, entonces no habrá ningún desafío que no puedas manejar. La confianza emana de saber que tú o la persona que necesitas estará ahí cuando la requieras.

7. Practica el pensamiento positivo

A menudo puedes decir cosas negativas sobre ti mismo. Cuando esto se convierte en un hábito, te impide disfrutar de la vida, alcanzar tus objetivos, o a veces te impide encontrar el amor. Una de las formas de romper el hábito de los pensamientos negativos es ser consciente de ellos. Ser consciente de lo que pasa en tu cabeza y a tu alrededor, te ayudará a reducir la tensión.

8. Evita la procastinación

Deja de lado todas las excusas y reconoce que tienes la capacidad de completar la tarea a tiempo. Muchos hombres prefieren completar la tarea en el último minuto. La procastinación es un mal hábito que debe ser eliminado para que desarrolles tu autoconfianza. Para lograrlo:

✔ Empieza a cronometrar todo, para saber cuánto tiempo te lleva hacer algo que has estado arrastrando.

✔ Solo hazlo. Si empiezas y trabajas en la tarea que tienes en manos, eventualmente tendrás algún tiempo después que podrás utilizar de cualquier otra manera.

✔ Conquista tus miedos: algunos hombres evitan las tareas por miedo a fracasar en su implementación. Este miedo es una excusa que te llevará a retrasar o a ignorar completamente las cosas esenciales de la vida.

✔ Planifica tu tiempo libre. Siempre recompénsate dándote un respiro una vez que hayas alcanzado tus hitos. Los descansos son vitales; no puedes ser productivo durante todo el día. Descansar te hace más atento.

9. Responde con prontitud

Responder a los problemas en lugar de reaccionar te ahorrará mucho dolor. Algunos temores pueden llevarte a entrar en modo de reacción. Esta reacción puede ser desencadenada por la ansiedad. Para manejar las situaciones de manera eficiente, debes aprender a responder. Se necesita práctica para dejar de reaccionar a los asuntos y en cambio responder con prontitud. Debes discutir estos procesos con alguien en quien confíes y en quien creas. De esta manera, pueden ayudarse mutuamente para evitar reacciones y buscar respuestas adecuadas.

10. Ejercita tu fuerza mental

Tomemos, por ejemplo, el juego de ajedrez. Alguien que ha ganado una partida de ajedrez, o ha tenido éxito en el ajedrez, ha pasado muchas horas practicando. Hay muchas maneras de ejercitar tu fuerza mental. La ventaja del ejercicio mental es que se puede hacer en cualquier lugar, mientras haces tu vida cotidiana. Pero recuerda, esta no es una solución que sirva para todos. Lo que funciona con una persona puede no funcionar con otra.

11. Fortalece tu estructura de apoyo

Las estructuras de apoyo han existido incluso antes de la llegada de la psicoterapia. Es esencial tener gente a tu alrededor que esté dispuesta a sostener tu mano a través de los desafíos que la vida te lanza. En caso de que no tengas amigos, familia o colegas que te ofrezcan apoyo emocional, puedes unirte a un grupo que lo haga. Alternativamente, puedes crear tu propio grupo de apoyo.

Puedes obtener apoyo emocional de dichos grupos. La ayuda que puedes obtener de los grupos de apoyo no solo aumentará tu confianza, sino que también te pondrá en el camino hacia una vida fructífera.

12. Celebra los pequeños logros

No tienes que tener éxito para tener la seguridad. Muchos han demostrado lo contrario. Cuando desarrollas el éxito en cualquier sector de tu vida, afectará a todas las demás áreas de tu vida. Los pequeños logros pueden ser cualquier cosa, desde correr unos pocos kilómetros cada día. Puedes establecer objetivos realistas para el número de kilómetros que deseas cubrir en un día. Una vez que hayas alcanzado los pequeños objetivos, deberías celebrar tus logros. Tu autoestima aumentará gradualmente a medida que aprecies las pequeñas victorias en tu vida.

13. Mantente en forma y saludable

Un hombre sano tendrá la confianza para cumplir cualquier tarea y enfrentar cualquier desafío que la vida le ponga por delante. Si no estás sano, incluso sobrevivir se convertirá en un problema. Estar en forma es necesario para tu autoestima y bienestar físico. La condición física se puede lograr fácilmente haciendo ejercicio. Estar sano y ayudar a otros a estar sanos es esencial para permitirte vivir una vida plena. Cuando no estás en forma o no estás sano, los meros fundamentos de la vida te resultarán difíciles de alcanzar; por lo tanto, sufrirás de baja autoestima.

14. Practica el dar

Ayudar a los demás te ayudará a saber que eres una persona agradable y que puedes tener un impacto positivo en la sociedad. Cuando las cosas están difíciles, dar dinero a una causa digna o ser voluntario puede parecer contraproducente. Incluso con las presiones de la vida, la gente sigue encontrando maneras de dar. Dar dinero te hace sentir bien contigo mismo, por lo que aumenta tu autoconfianza. Al proporcionar un poco de algo a alguien que lo necesita, aunque solo sea tu tiempo y atención, desarrollas el respeto por ti mismo, ya que crees haber contribuido a hacer del mundo un lugar mejor.

15. Evita los comentarios críticos

Cuando le dices algo hiriente a alguien, terminarás alejándolo hasta el punto de que no querrá conectarse contigo nunca más. Aquí, tus estructuras de apoyo emocional están dañadas. Cuando criticas a alguien regularmente, la persona a la que le diriges la crítica puede que solo esté actuando para controlar tus berrinches. Incluso si estás tratando de ayudarlos, los estarás rechazando. Una vez que ignoren tus consejos, sentirás que no se te respeta. Ser ignorado no será bueno para tu autoconfianza.

Para evitar esta energía negativa, piensa cuidadosamente en las palabras que usas. Antes de decirlas en voz alta, imagina cómo te sentirías si las palabras se dirigieran a ti; si te enfadas, también lo harán todos los demás. Al interactuar de una manera que no ofenda a los demás ni los haga sentir juzgados o reprimidos, también se abrirán y compartirán sus opiniones.

Como un jefe: Seis trucos de confianza en el trabajo

La confianza es un componente esencial en un ambiente de trabajo. ¿Puedes imaginarte un lugar de trabajo lleno de empleados con baja autoestima? ¿Te gustaría trabajar o incluso buscar servicios de una entidad así? La confianza en el lugar de trabajo implica ayudar a las personas a comprender sus emociones.

Metas inteligentes y plazos ajustados definen un ambiente de trabajo. Por lo tanto, tu autoconfianza aumentará si puedes cumplir con los plazos y entregar un trabajo de calidad al final del día.

Napoleón Hill dijo una vez: "Lo que la mente puede concebir y creer, puede lograrlo". En esta sección, discutiremos la mentalidad de trabajo que los hombres deben adoptar. Mientras intentas manifestar tus objetivos, es crucial mantener una alta vibración.

En un ambiente de trabajo, los sentimientos se intercambian a menudo entre colegas de forma similar. Por lo tanto, es necesario que domines todo lo que has aprendido en la sección anterior de este libro sobre la autoconfianza y la autoestima. Sin embargo, sin duda, tu creencia es fundamental en lo que respecta a la manifestación. Esto significa que si no crees en algo, no lo verás ocurrir en tu vida. En esta sección, exploraremos cómo nuestras creencias afectan al rendimiento en el trabajo y a la calidad de las relaciones en la oficina.

Los seis trucos de autoconfianza en el trabajo

A continuación se presentan seis trucos de confianza en el trabajo que debes conocer para navegar por el entorno laboral como un jefe:

Truco 1: Practica el pensamiento positivo en tu situación laboral.

Aquí, el pensamiento positivo se refiere a la práctica de elegir las ideas que te darán poder sobre las que te limitan. En el trabajo, una mente positiva te dará una vida positiva.

Una mente positiva es superior a una mente negativa en el sentido de que el pensamiento positivo implica la selección de los pensamientos y acciones que apoyan el proyecto en lugar de obstaculizarlo, y eventualmente trae mejores resultados independientemente de la situación.

El albergar pensamientos negativos como "No puedes hacerlo", te impedirá tomar los pasos necesarios para lograr tus objetivos. Entonces tendrás menos probabilidades de cumplir los objetivos establecidos.

Pensamientos positivos como "Tú puedes hacerlo", te permitirán intentar, por lo tanto, aumentar las posibilidades de alcanzar tus propios objetivos.

Un proceso de pensamiento negativo te restringirá, mientras que uno positivo te acercará a tus objetivos dentro del trabajo. Cuando creas que algo es imposible, significará que las barreras del éxito te han absorbido completamente.

Debes mantener una actitud positiva en el trabajo. Una actitud positiva te dará esperanza y, al mismo tiempo, cambiará tu perspectiva. En el ambiente de trabajo, necesitas encontrar gente que haya tenido éxito en lo que estás haciendo y aprender de ellos. Tus pensamientos te ayudarán a ascender en tu trabajo o te harán retroceder. Además, reconoce que nunca es demasiado tarde para transformar tus ideas y tus creencias para apoyarte en vez de obstruirte.

Truco 2: La mentalidad del trabajo es tu realidad

Henry Ford citó una vez esto: "Tanto si crees que puedes como si crees que no puedes, tienes razón".

Otro filósofo llamado Immanuel Kant dijo que nuestras experiencias, incluyendo las sensaciones y nuestra percepción de los objetos, son representaciones de nuestra mente. Y que la realidad solo se basa en la percepción de un individuo.

Tu percepción del lugar de trabajo depende de tus propias creencias. Estas creencias son tus verdades que construyen tus realidades subjetivas hacia la autoconfianza en el trabajo. Una creencia, aquí, es el sentimiento de certeza hacia algo —tu vida y trabajo están basados en las creencias que adquieres a través de tus experiencias.

En tu trabajo, es necesario que tu crecimiento personal esté abierto a las creencias de los demás y que estés dispuesto a cambiar tus creencias si estás convencido de que una forma alternativa de ver las cosas proporcionará una solución más precisa y poderosa.

Truco 3: Escucha a tu mente subconsciente

Dentro de tu entorno laboral, es vital que te involucres y entiendas las señales que vienen de tu mente subconsciente. Tus creencias limitantes están entre las que continuamente se arraigan en tu subconsciente, ya que se plantan allí repetidamente. La mente subconsciente no evalúa las ideas. Transforma lentamente nuestras creencias. Esto significa que, si eres temeroso, celoso y hambriento de poder, siempre sembrarás malas semillas en tu mente y en otras mentes, lo que, a su vez, limitará tu potencial en la vida.

Truco 4: Analiza tus pensamientos

Si no puedes cambiar una situación, intenta cambiar tu punto de vista sobre ella. Ahí es donde está tu poder. Te controlan o tienes el control. Tu cerebro es inteligente. Quiere hacerte la vida fácil y pensar lo menos posible. (Esto puede sonar un poco extraño, especialmente si eres un pensador crónico). Así que el cerebro está optimizado para tomar decisiones subconscientes basadas en emociones previas ligadas a experiencias. Este comportamiento de piloto automático provocado por la repetición te permite moverte a lo largo del día sin tener que volver a aprender procesos, como conducir, y sin tener que pensar en todos los detalles de la vida diaria.

Sin embargo, como tu mente subconsciente no tiene conciencia, puede mantenerte cautivo de un comportamiento no saludable sin darte cuenta. El hecho de que te sintieras fatal cada vez que reaccionaste violentamente a los abusos a los que pudieras haber sido sometido, por ejemplo, debería hacer que te dieras cuenta de que no era tu reacción consciente. Fuiste condicionado a responder así por tus experiencias pasadas, y no cuestionas tu respuesta porque crees que no eres consciente.

La forma en que ves un evento determina la forma en que lo experimentas. Los hechos son neutrales, pero a menudo los etiquetas. Cuando ocurre un evento desafortunado, haz una pausa y analiza tus pensamientos. Haciendo esto, tu mente inconsciente reemplazará el pensamiento con la conciencia. Solo una vez que descubras tus pensamientos, elegirás cómo responder. La meditación es una herramienta poderosa para mejorar esta habilidad.

En resumen, en lugar de tratar de controlar los eventos que son externos a ti, practica el control de la respuesta de tu mente a ellos. Controlar la mente te devuelve tu poder y es la clave para una vida feliz. Por lo tanto, en un ambiente de trabajo, tu objetivo final no es solo deshacerte de los pensamientos limitantes, sino analizarlos primero.

Truco 5: Cambia tus creencias limitantes

Sería bueno cambiar tus creencias más rápido, pero esto es algo difícil de lograr. Tus creencias están grabadas en tu mente subconsciente. Cuando aceptas una noción sin cuestionarla, vives con ella toda tu vida. Algunas ideas tendrán sentido para ti, pero no te darán poder. Solo limitarán tu potencial en la vida y tu capacidad para alcanzar tus objetivos.

El primer paso es identificar las creencias que deseas cambiar. Por ejemplo, digamos que una de tus creencias principales es que no puedes cambiar tu futuro, así que no podrás lograr grandes cosas.

Estas creencias no te harán sentir bien, pero si hubieras tratado de cambiarlas de inmediato, te habrías sentido como si te mintieras a ti mismo. Después de todo, estas creencias eran tu verdad. ¿Pero por qué *pensaste* que eran la verdad?

Cuando te enfrentes a tus creencias limitantes, descubrirás que creíste lo que hiciste porque alguien te lo dijo. Estas creencias limitantes que te fueron transmitidas por otras personas deben ser evitadas a toda costa.

Truco 6: Afirmación continua

Nunca subestimes el poder de las afirmaciones. Estas son las afirmaciones positivas que describen cuáles son tus metas y objetivos en la vida, como si ya las hubieras alcanzado. Repetir algo con gran convicción genera una creencia en tu subconsciente de que la afirmación es verdadera.

Es común en la sociedad. A menudo te alimentas de ciertas nociones sobre el mundo, que se repiten una y otra vez. Por ejemplo, digamos que tus padres te dijeron continuamente que eras tímido; todo lo que pasó fue que esto se reforzó en tu mente. Puede que no te sientas tímido. Pero, a través de la repetición de esta idea, podrías empezar a creerla. En consecuencia, crecerás para ser tímido; aquí, estas palabras se convierten en una profecía autorealizada.

Esto debería recordarte la importancia de rodearte de gente que te alimente con pensamientos de poder. Esto no quiere decir que solo debes mantener amigos que digan cosas buenas de ti. Pero sí significa que debes elegir personas que te apoyen, no que destruyan tus objetivos de vida.

Cuando te dicen repetidamente que no puedes hacer algo, terminarás creyendo que es verdad. Repetir afirmaciones positivas es un proceso consciente. Cuando envías instrucciones a tu mente subconsciente, una vez que estas creencias sean plantadas, tu mente subconsciente hará todo lo posible para dar vida a estas ideas. Es como codificar un programa para hacer algo por ti. Una vez que los códigos estén correctos, el programa cumplirá su propósito.

Repetir afirmaciones positivas es útil en la vida. Puedes practicar diciendo tus afirmaciones en un momento en el que te sientas bien. En esta etapa, ganarán impulso más rápido si repites estas afirmaciones. Este hábito cambiará tu estado de ánimo y tus sistemas de creencias, y como tal, tu realidad, completamente.

Practica repitiendo afirmaciones en tus propias palabras y voz como si estuvieras contando hechos irrefutables a tu amigo. Solo debes tener cuidado de repetir afirmaciones positivas, no recitar comentarios limitantes. Debes actuar de manera que sugiera que el objetivo ya ha sido alcanzado. De esta manera, el subconsciente creerá y responderá en consecuencia. Es tu responsabilidad dedicar más tiempo para recitar regularmente afirmaciones positivas.

Confianza en las citas: Doce estrategias irresistibles para conquistarla

Si has escogido este libro, probablemente eres como muchos hombres ahí fuera. Tienes problemas y temores cuando se trata de conquistar mujeres, especialmente cuando se trata de coquetear y tratar de llevarla a la cama. Es un tema común para los hombres, y no todos los hombres son naturales cuando se trata de encanto y seducción. Pero eso no significa que no puedas tener éxito cuando se trata de conquistar mujeres.

La confianza es crítica cuando se trata de mujeres. Es un afrodisíaco para las mujeres. Las mujeres pueden detectar la confianza, ya que es lo que buscan en un hombre. Las citas se han convertido en un asesino de la confianza de los hombres. Incluso puede ser difícil pedirle una cita a una mujer. Puede que te preguntes:

✔ ¿Cómo consigues hacer ese movimiento?

✔ ¿Cómo consigues mirarla directamente a los ojos y preguntarle?

La capacidad de tener control sobre el sexo y tu vida amorosa, en muchos sentidos, define quién eres. La habilidad de conquistar damas mejora tu felicidad interna y tu autoestima. Cuando tengas éxito en conquistar mujeres, cosecharás los beneficios de tu ambición masculina y la confianza en tus habilidades. Esto, en consecuencia, aumentará tu autoconfianza.

Lo que necesitas saber es cómo aumentar tus posibilidades de éxito en las relaciones. Aquí hay doce estrategias que pueden ayudarte a empezar, en un intento de ganar una perspectiva romántica:

1. Comprometerte con la causa

Debes tomar medidas comprometidas para conquistarla, incluso si la respuesta es negativa. Deberías seguir invitando a las mujeres a salir y alejarte del resultado negativo. No te culpes ni te menosprecies cuando la respuesta sea siempre negativa después de varias pruebas. Puede llevarte más de un año conseguir la primera cita. Todo lo que necesitas hacer es mantener comprometido con el rumbo y si una persona no está interesada, eventualmente encontrarás una pareja que sea adecuada para ti.

2. Conócete a ti mismo

Debes establecer si eres gay, bisexual, heterosexual o no identificado en absoluto. Debes determinar de qué lado estás y aceptar quién eres. Cuando te conozcas y aceptes a ti mismo, interactuarás fácilmente con los demás. Aprender a comunicarte eficientemente con las mujeres y agradarles te ayudará a lograr tu objetivo de confianza en ti mismo. Debes ser el tipo de persona que quieres atraer.

3. Sé tú mismo

Después de conocerte y aceptarte a ti mismo, deberías ser tú mismo. No luches por ser otra persona; es difícil mantener una actuación. Nunca des una impresión equivocada de quién eres, o actúes de una manera que no puedas mantener. Las damas se enamorarán de ti si no exageras tus habilidades luchando por impresionarlas en vez de ser real.

4. Gana confianza antes de acercarte a ella

Al conocer mujeres, siempre encontrarás que los hombres que tienen confianza en sí mismos tienen más éxito. Esto no tiene nada que ver con la buena suerte.

Las mujeres prefieren que seas una persona segura, no mansa e insegura de ti mismo. A las mujeres no les gustan los hombres que se mantienen distantes y las miran en secreto. Ya sea para una aventura de una noche o a largo plazo, las mujeres no considerarán salir con un perdedor.

Necesitas la confianza para acercarte a las mujeres. Cuando sepas cómo hablar con las mujeres y tengas la actitud correcta, empezarás a exudar seguridad en ti mismo. Con más confianza y mucha práctica, descubrirás que las técnicas de este libro pueden ayudarte a salir con la chica que quieras.

5. Sigue practicando

Siempre practica, practica y practica, una y otra vez. Uno de los mayores errores que puedes cometer en este esfuerzo es empezar por hablar con la mujer más hermosa de la sala.

Si no estás acostumbrado a hacer esto, empezarás a dudar de ti mismo. Por lo tanto, los problemas comenzarán aquí porque estarás poniendo excusas de inmediato en cuanto a por qué no puedes acercarte a alguien. Estas dudas surgen porque no has invertido lo suficiente en hablar con muchas mujeres para tener la confianza para acercarte a la mujer de la que te has enamorado de verdad.

Por lo tanto, como en cualquier sector de la vida, la práctica continua te ayudará a perfeccionar. Desarrollará tu confianza poco a poco. Empezarás a tener conversaciones con mujeres, solo hablando, sin expectativas. Esto incluye a las personas que no te atraen.

Una vez que practiques persistentemente, tu confianza crecerá, y será más fácil iniciar conversaciones con mujeres al azar. Con el tiempo, no tendrás problemas para atravesar esa habitación abarrotada y elegir a la bella dama que te atrae.

6. Elige un lugar apropiado

Otro gran consejo para ayudarte a conocer el tipo de mujeres que te gustaría, y que te facilitará conversar con ellas, es elegir un tipo de lugar que te haga sentir como en casa. Tal vez no te guste la escena de los bares o clubes, por ejemplo. Esto podría hacer que acercarse a las mujeres en estos lugares sea más difícil si odias gritar por la música o parecer un tonto en la pista de baile, a menos que, por supuesto, sepas bailar.

En lugar de usar eso como una vía para conocer mujeres, considera clases, como una clase de arte o una clase de cocina, ve al parque, a un mercado de granjeros o a una tienda de comestibles, a un museo. Encuentra esos lugares que te gusten y verás que te sientes más cómodo y seguro cuando se trata de acercarte a las mujeres y hablar con ellas.

7. Siempre sigue aprendiendo

Desarrollar tu confianza es un paso inicial vital. Siempre puedes aprender cosas nuevas: ser curioso y abierto a nuevas experiencias y al aprendizaje constante es la clave.

8. Sé gracioso, limpio y sonríe siempre

Estos son aspectos esenciales por desarrollar antes de ligar con una dama. Claro, quieres salir y conocer mujeres que se interesen por ti y que quieran acostarse contigo. Sin embargo, toda la charla del mundo no te llevará a ninguna parte si no tienes sentido del humor, eres rudo y tienes problemas de higiene. Piénsalo un poco desde la perspectiva de la mujer. ¿Querrías ir a casa con alguien que no se cuidara a sí mismo, y que fuera sombrío la mayor parte del tiempo? Probablemente no.

Por eso este capítulo trata de trabajar en ti mismo y de convertirte en un mejor partido antes de empezar a intentar conquistar con mujeres. Al seguir estos pasos ahora y hacer algunas mejoras en tu vida, descubrirás que puede ayudarte a desarrollar la confianza que se discutió en el primer capítulo. Serás más feliz con quien eres y con lo que tienes para ofrecer.

Exudarás confianza, y eso es lo que tantas mujeres encuentran atractivo, ya sea que estén buscando una aventura de una sola noche o alguien con quien puedan construir una verdadera relación.

9. Mejora tu apariencia física general

No estamos hablando de salir corriendo y hacerse la cirugía plástica para parecerse a quien sea el actual actor o músico rompecorazones en este momento. Es mucho más sencillo que eso, afortunadamente. Descubrirás que incluso si eres un tipo promedio, o tal vez incluso un tipo algo menos que el promedio, hay muchas cosas que puedes hacer que te ayudarán a cambiar y mejorar tu apariencia física para hacerte más atractivo.

10. Mantente en forma

Tu estado físico es un aspecto vital para aumentar tu confianza y, por consiguiente, conseguir la mujer de tus sueños. El primer paso es asegurarse de estar cuidando bien de ti mismo cuando se trata de tu estado físico. No solo es esencial para tu salud, sino que es crucial para la forma en que las mujeres te perciben. Si esperas acostarte con mujeres guapas con cuerpos hermosos, puedes estar seguro de que quieren algo equivalente de los hombres que eligen.

Ya sea que tengas sobrepeso, estés flácido o nada más que piel, huesos y un poco de músculo, puedes hacerlo mejor. Si tienes algunos recursos, gasta algo de dinero y tiempo para perder algunas libras y construir músculo. No es necesario que tengas un six-pack en el abdomen, y no necesitas parecer un modelo de fitness. Necesitas asegurarte de que estás en forma y que te veas bien.

Para muchos hombres, el camino hacia la buena forma física puede ser más largo que para otros. Tal vez has descuidado el cuidado de ti mismo por un tiempo, o tal vez nunca lo necesitaste. Ahora es el momento de empezar a ponerse en forma. Te vas a sentir mejor, y te vas a ver mejor. Cuando esto suceda, vas a estar rebosante de energía y confianza.

Los requisitos de aptitud física dependerán totalmente del cuerpo que desees adquirir, ya sea que trates de perder peso o de desarrollar músculos. Algunos hombres pueden ser delgados y pueden querer añadir algunos músculos. Para lograrlo, puedes ir al gimnasio si tienes uno asequible en tu zona. También puedes considerar la posibilidad de hacer senderismo, nadar, caminar o correr. No es necesario gastar mucho dinero para ponerse en forma. La calistenia y los ejercicios de peso corporal pueden transformar tu cuerpo.

El objetivo de este libro no es darte un montón de planes de entrenamiento que puedas usar. En cambio, te enseñará a elegir relaciones con mujeres. Ponerse en forma es solo uno de los aspectos que tendrás que considerar.

Solo asegúrate de seguir el plan de ejercicios propuesto y dedicar el tiempo y el esfuerzo necesarios para ponerte en forma antes de comenzar a pavonearte en un club para ligar con mujeres. Cuanto en mejor forma estés, más fácil será conquistar mujeres.

11. Vístete para impresionar

Además de poner tu cuerpo en forma, necesitas pensar en otros aspectos de tu apariencia exterior. Esto ciertamente incluye la ropa y los zapatos que estás usando.

La gente dice que nunca debes juzgar un libro por su portada. Sin embargo, es la naturaleza humana hacer precisamente eso. La gente juzga basándose en las apariencias, y no hay nada que puedas hacer al respecto. Si vieras a una mujer desaliñada con pantalones de chándal sucios y harapientos, con una vieja camiseta holgada y un cigarrillo colgando de su boca, probablemente no pensarías que es la mujer más atractiva de la sala.

Ahora, piensa en ello desde la perspectiva de una mujer. Si tienes agujeros en tu ropa, zapatos rajados con cordones deshilachados, y manchas en tu ropa que no se quitan, ¿por qué estaría interesada? No puedes llevar tus zapatillas de velcro favoritas a todas partes, no importa lo cómodas que se sientan. No eres un vagabundo profesional, así que no te vistas como tal.

Claro, si estás holgazaneando por la casa, ponte lo que quieras. Ponte cómodo. Sin embargo, cuando salgas, ya sea que vayas al gimnasio, al trabajo, a la tienda o a un bar, al cine, a un museo o a cualquier otro lugar, vístete apropiadamente.

No deberías gastar todo tu dinero en ropa nueva. Probablemente tienes algunas cosas en casa que puedes usar y que se ven bien, y que te hacen sentir bien contigo mismo. Esa última parte es la más importante. Quieres ropa que te funcione bien y que te haga ver lo mejor posible.

Tal vez necesites gastar un poco de dinero para conseguir ropa que se adapte mejor a la forma de tu cuerpo. Esto es indudablemente cierto si has estado haciendo ejercicio y poniéndote en forma, como se ha mencionado. Si no estás seguro de lo que debes usar para verte bien o del tipo de ropa que te irá mejor, busca la ayuda de algunos amigos.

Si tienes amigas mujeres, y esperemos que tengas, te pueden dar algunas sugerencias estupendas. Si no estás seguro de a quién debes acudir, siempre puedes pasar un rato hablando con la gente de la tienda de ropa. Sin duda pueden ayudar, pero no caigas en la trampa de comprar zapatos y ropa más cara de lo que necesitas.

Ahora que has empezado a pensar en tu estado físico y de salud, y has empezado a revisado tu armario para ver lo que necesitas comprar, es hora de que hablemos de la higiene.

12. Trabaja en tu higiene

Si eres un adulto que ha logrado superar tus incómodos años de adolescencia, debes tener al menos una base elemental de higiene y saber lo verdaderamente importante que es si quieres atraer a las mujeres. Sin embargo, vale la pena repetirlo aquí porque hay muchos hombres, demasiados, de hecho, a los que no les importa ni un ápice el aseo.

No importa si se trata de una aventura de una noche o una relación a largo plazo. Si apestas a dientes sucios y pelo indomable, no vas a conseguir mujeres. Y no deberías hacerlo. Cuida bien tu higiene.

Establece una rutina de higiene y mantenla. Honestamente, es sencillo, y te sorprendería saber cuántos hombres no parecen preocuparse. Aquí hay algunos simples, pero vitales, consejos de aseo e higiene y recordatorios para los hombres.

✔ **Usa desodorante.** Úsalo todos los malditos días, y tal vez añade algunos dos veces al día si lo necesitas. Quieres una fragancia agradable en el desodorante y el antitranspirante, pero no algo que vaya a ser abrumador.

✔ **Lávate la cara.** Deberías lavarte la cara dos veces al día. Lavarte ayuda a asegurarse de que tu cara esté limpia y no va a estallar. Evita usar jabón, exfoliantes y geles corporales en la cara, ya que pueden secar e irritar la piel. Utiliza mejor un limpiador facial.

✔ **Cepíllate los dientes.** Es conveniente cepillarse los dientes tres veces al día. Hazlo por la mañana después del desayuno, después del almuerzo y antes de ir a la cama. Esto mantendrá los dientes en buena forma, y te ayudará a mantener una sonrisa blanca. Recomendaría el carbón activado de teethwhiteningsolutions.com. Tu sonrisa es esencial, como verá más adelante en esta sección.

✔ **Hilo dental.** El cepillado es esencial, pero no olvides lo importante que es el hilo dental también. Usa el hilo dental por lo menos una vez al día, así como cuando sientas que algo se te atasca entre los dientes. Si planeas besar a una mujer, debes asegurarte de que tus dientes y tu aliento estén a punto. De lo contrario, será un fracaso.

✔ **Cambia tus calzoncillos.** Claro, debes cambiarte la ropa interior a diario. ¿Pero siempre hacemos esto? ¿Hay días en los que dices, "Está bien" y sales de casa? Recuerda siempre cambiarte la ropa interior después de un entrenamiento. La ropa interior sucia es un gran problema para las mujeres.

✔ **Lava tu ropa.** Solo porque huelas tus camisas o pantalones y no pienses que apestan, y no veas ninguna mancha, no significa que estén limpios. Acostúmbrate a lavar tu ropa regularmente, cuélgala y dóblala adecuadamente para que no se le formen arrugas.

✔ **Dúchate al menos una o dos veces al día.** Lo ideal es ducharse por la mañana antes de salir, así como por la noche después de un largo día. Lávate al menos una vez al día. Además, asegúrate de ducharte después de hacer ejercicio. Es mejor para tu piel, y asegura que no te quede nada de sudor después del gimnasio. Si vas a salir donde puedas encontrarte con alguien, que es casi cualquier lugar, asegúrate de estar limpio y fresco antes de salir de casa.

✔ **Córtate las uñas.** Fíjate las uñas de las manos y luego las de los pies. Tener las uñas cortadas es algo que las mujeres suelen ver cuando hablan con un hombre que despierta su interés. Si las uñas son lo suficientemente largas para retener la suciedad, entonces son demasiado largas. Si las uñas de los pies comienzan a enroscarse en los bordes, entonces son demasiado largas. No, esto no significa que tengas que invertir en una manicura o pedicura. Solo significa que necesitas tomarte un minuto cada día para revisar tus uñas y asegurarte de que no están fuera de control.

✔ **Aféitate o recorta la barba.** Tener vello facial está bien, siempre y cuando lo mantengas bien cuidado y recortado. Usa aceite para la barba y otros productos para asegurarte de que está en buena forma, y para asegurarte de que no apesta. Sí, algunos hombres tienen barbas tupidas que apestan, y eso va a ser un gran disgusto para la mayoría de las mujeres. Cuando se trata de tener vello facial, algo más que querrás recordar es que no a todas las mujeres les gusta. Al tener barba o bigote, estás limitando el número de mujeres que pueden encontrarte inmediatamente atractivo. Piensa en si necesitas o no una barba.

✔ **Cuida debajo del cuello y del cinturón.** Debes tener en cuenta que quieres asear todo tu cuerpo, incluso donde ella no puede ver cuando te conoce. Debes considerar el aseo de la zona púbica cuando encuentres una mujer con la que acostarte.

Los sencillos consejos anteriores te ayudarán a destacarte sobre muchos hombres.

Domando tu exceso de confianza

Desarrollar la confianza en uno mismo es algo bueno. Pero en exceso, puede ser perjudicial para tu crecimiento personal e incluso puede matar tu autoestima y, en consecuencia, tu autovaloración. El exceso de confianza se produce cuando tienes una confianza excesiva o un exceso de optimismo sobre ti mismo. Esto puede ser peligroso para tu autoestima y tu bienestar general.

Un hombre excesivamente confiado causará más problemas que los que resuelve. El exceso de confianza matará tu creatividad y te llevará a una espiral descendente. Si tienes exceso de confianza, podrías ignorar los consejos de tus compañeros, familia y colegas, porque crees que puedes manejar todo tú solo, y estás convencido de que tu capacidad es suficiente para manejar la situación en cuestión.

Domar tu confianza es esencial; debes mantener los niveles de confianza que están dentro de los umbrales aceptables. La necesidad de ser mejor que el resto y de ser reconocido por lo que haces a expensas de los demás es una clara señal de exceso de confianza. Hay una delgada línea que separa el exceso de confianza y la arrogancia. El exceso de confianza es el enemigo de lo que quieres y de lo que tienes. Puede hacer que pierdas todo por lo que has trabajado incansablemente durante años.

El exceso de confianza es la voz interior que te dice que eres mejor de lo que eres; inhibe el éxito real e impide una conexión directa y honesta con la sociedad que te rodea. Es una separación consciente de todo. Nos impide trabajar en colaboración con otras personas.

Debes suprimir el exceso de confianza antes de que los malos hábitos que lo acompañan se vuelvan innatos. El exceso de confianza impedirá para siempre tus aspiraciones. Domar tu exceso de confianza es un viaje que tomará más tiempo, dependiendo de cuán dañada esté tu autoestima. Muchos hombres luchan innecesariamente, simplemente porque no se dan cuenta de que el exceso de confianza es la causa de los problemas que enfrentan en la vida. Deberías ser capaz de reconocer el exceso de confianza o de ego y cómo controlarlo.

Puedes manejar tus niveles de confianza. ¿Pero cómo sabes con seguridad si ha alcanzado un nivel donde es necesario domarlo? Aquí hay algunas señales de que necesitas trabajar en tu exceso de confianza:

- Nunca estás satisfecho con tus logros —te encuentras trabajando hacia una meta, diciéndote a ti mismo que una vez que la alcances, serás un hombre feliz y vivirás una vida plena. Pero una vez que lo haces, todavía eres infeliz. Esto es un signo de exceso de confianza y un ego dañado.

- Siempre estás inseguro y envidioso de los demás —esto se representa cuando tienes la constante necesidad de compararte con los demás para encontrar satisfacción. Nunca estás bien donde estás a menos que estés convencido de que es mejor que donde está otra persona. Obtienes la felicidad de saber que eres más inteligente o mejor que los demás.

- Quemas puentes en tu camino —esto puede ser una larga lista de malas rupturas, amistades que se desmoronan después de una discusión, etc. Estas son señales de que tu nivel de confianza está fuera de control. Si tienes problemas para mantener relaciones sanas, significa que estás seguro de que puedes resolver las cosas solo, y esta es una creencia limitante.

- Exhibes mucha adicción a las redes sociales —la confianza excesiva prospera con la gratificación instantánea de las redes sociales. Si te encuentras siempre buscando algo como tu teléfono inteligente, es una señal probable de que necesites trabajar en tu nivel de confianza.

Si estos puntos se aplican a ti, necesitas dominar tu exceso de confianza. La buena noticia es que es posible domar tu exceso de confianza. Todo lo que necesita es compromiso. Si estás dispuesto a mejorar tu vida, tu autoestima, tus relaciones y tu confianza en ti mismo, este libro es perfecto para ti. Te dará consejos prácticos para domar tu exceso de confianza.

El exceso de confianza te hace ser arrogante. La confianza que hemos discutido en los capítulos anteriores es diferente de la arrogancia que se representa por el exceso de confianza. Puedes tener una confianza excesiva en tus habilidades o capacidades. Puedes aceptarte a ti mismo completamente sin volverte arrogante en tus interacciones con los demás.

Algunas personas argumentarán que el exceso de confianza no es algo malo. Las mismas personas dirán que el exceso de confianza es necesario para tener éxito. La idea de tener éxito, en este ejemplo, significaría ganar estatus, honor y obtener posesiones materiales o prestigio. Solo cuando tu confianza es enorme podrás tener éxito en determinados trabajos o llegar a la cima de la cadena. Por ejemplo, en los trabajos en los que es obligatorio dañar a los demás, llegar a la cima significaría sacrificar tu respeto por los demás en aras de servir a tu exceso de confianza.

Diez hábitos necesarios para domar el exceso de confianza

Dado que tus niveles de confianza son complicados y tienen varios niveles, no es práctico deshacerse de todo de una vez. Ni siquiera es humanamente posible lograrlo. A continuación se presentan los hábitos que puedes practicar para domar tu exceso de confianza:

1. Tener expectativas realistas para tu confianza y objetivos personales

Esto no sucederá al instante, y si tienes expectativas poco realistas solo te causarás un dolor innecesario. En cambio, comprométete a mejorar gradualmente, todos los días en pequeños pasos, siempre que estés avanzando todos los días.

Puedes ver el proceso de eliminar de creencias limitantes y hábitos mentales destructivos de la misma manera que quitar un pesado árbol del jardín. Comienza por identificar los pensamientos existentes que fortalecen tu exceso de confianza, y luego sepárate de ellos, llegando finalmente a un lugar donde puedas dejarlos ir, viéndote a ti mismo como algo separado de la falsa identidad que tu exceso de confianza trajo consigo.

2. Practicar la meditación

Este es el método principal para notar tu exceso de confianza y separarte de ella. La meditación es una gran manera de separarse de los hábitos que promueven el exceso de confianza. Varias religiones cantan alabanzas de meditación con frecuencia, y por una buena razón, ya que paga inmensamente a aquellos que se comprometen con ella; no necesitas ser religioso para beneficiarte.

3. Reconocer tus pensamientos

La meditación, contrariamente a la creencia popular y a los rumores, no consiste en intentar dejar de pensar. Se trata de aprender a ver tus ideas. Una vez que empieces a hacer esto, verás que la mayoría de estos pensamientos que cruzan tu mente a lo largo del día parecen salir de la nada, y muchos de ellos ni siquiera tienen sentido.

4. Eliminar la corriente constante de tonterías

No eliges tus pensamientos, por lo que la publicidad es un negocio exitoso. Estás sujeto a cientos de cosas cada día, a menudo en contra de tu voluntad, y esto es aún más evidente en la era de las redes sociales. ¿Cuántas veces al día te encuentras pensando en alguna tontería al azar que viste antes y que no te importa en absoluto? La buena noticia es que no tienes que someterte a esto, la atención plena te ayudará a desconectar el exceso de "ruido" de estas fuentes.

5. Bloquear pensamientos inútiles

La idea aquí no es detener completamente los pensamientos, sino abordarlos cuando aparecen. Con la meditación, puedes darte cuenta de estos pensamientos cuando se manifiestan, aceptarlos y luego dejar pasar los que no valen la pena.

6. Aprovechar los pensamientos de poder

Una persona promedio es sacudida durante todo el día por esta cascada de pensamientos, y la meditación te devuelve el poder de ser quien tiene el control. Empezarás a reconocer cuando tu ego empiece a tratar de tomar el control, y te darás la opción de decir que no.

7. Encontrar una búsqueda creativa

La creatividad es una excelente fuente de inspiración que puede liberarte del constante parloteo de tus niveles de confianza. La gente a menudo cree que "no son creativos", pero esto no es cierto. Todas las personas son creativas, y lo único que te impide pensar esto es tu exceso de confianza.

8. Pasear por la naturaleza

Los humanos en los tiempos modernos viven en un ambiente antinatural y rara vez ven el exterior. Esto lleva a un montón de incomodidad que a menudo ni siquiera se da cuenta. Para neutralizar el exceso de confianza y convertirse en un individuo más saludable y más enraizado, debes recuperar el contacto con tus raíces como miembro de este planeta y empezar a salir más al exterior.

9. Pasa algo de tiempo con los niños

Los niños tienen un nivel de confianza menos desarrollado, por lo que son más auténticos y más ellos mismos, algo que muchos adultos han olvidado. Pasar tiempo con ellos puede ayudarte a empezar a pensar de forma más clara y sencilla sobre lo que es realmente importante en la vida.

10. Ordenar

Poseer un montón de cosas no es algo malo, pero puede pesarte, y tirar de ti hacia abajo, e intensificar tu exceso de confianza. Es demasiado fácil empezar a equiparar tu propio sentido del valor con lo que posees cuando tienes muchas cosas. Te asustas de lo que pasaría si no tuvieras esas cosas. En otras palabras, temes que la falsa confianza que has acumulado deje de existir si no tienes las posesiones materiales. Cuando te deshaces de algunas de las posesiones, te preocupas menos por las cosas materiales, y al mismo tiempo, disfrutas dando a otros las cosas que ya no necesitas.

PARTE 3: Autodisciplina

La autodisciplina y sus valores fundamentales

La autodisciplina es el control que ejerces sobre ti mismo. Por ejemplo, el poder que tienes sobre tus emociones, sentimientos, comportamientos, actividades e incluso sobre lo que piensas. Implica evitar los excesos no saludables que pueden tener consecuencias negativas. Si eres un hombre autodisciplinado, controlarás fácilmente tus impulsos de realizar actividades dañinas o no constructivas que pueden afectar negativamente tu productividad. Tiendes a atenerte a tu misión y objetivos.

A partir de esta definición, puedes confundir la autodisciplina con la fuerza de voluntad. La fuerza de voluntad es la habilidad de establecer un curso de acción y estar seguro de que lo iniciarás y lo manejarás hasta el final. Puedes controlar cualquier impulso perjudicial o innecesario, y tienes la capacidad de superar la postergación y la pereza, así como la capacidad de llegar a una decisión y luego seguir con perseverancia hasta su fin lógico.

La autodisciplina difiere de esto en el sentido de que la fuerza de voluntad te hará empezar a establecer tus objetivos y mantener el rumbo. Pero la autodisciplina es necesaria si deseas realizar tu verdadero potencial en la vida. Una vez que la fuerza de voluntad te ponga en el camino, necesitas algo que te mantenga en marcha, y eso es la autodisciplina. Te da la resistencia para perseverar en cualquier cosa que hagas. Te da la fuerza para soportar las dificultades, ya sean emocionales o mentales. También, la autodisciplina te da la habilidad de rechazar la gratificación instantánea por un bien mayor a largo plazo. Esto puede requerir mucho esfuerzo y tiempo. Por lo tanto, te darás cuenta de que hay una línea muy delgada entre la autodisciplina y la fuerza de voluntad.

Para desarrollar un fuerte sentido de disciplina y fuerza de voluntad, debes hacerte consciente de tus impulsos subconscientes internos y obtendrás la capacidad de descartarlos en cualquier momento en que no sean beneficiosos. En esencia, la autodisciplina junto con una fuerte fuerza de voluntad te permite elegir tu comportamiento y reacciones, en lugar de ser esclavizado por ellos. Te sientes más poderoso y a cargo de ti mismo y de tu entorno cuando recurres a la autodisciplina.

La autodisciplina es esencial si quieres hacer las cosas rápidamente, principalmente porque te ayuda a mantenerte en el camino para lograr tus objetivos. Entonces, ¿cómo puedes desarrollar tu autodisciplina? Bueno, antes de empezar a discutir las diferentes maneras y métodos que puedes usar para desarrollar esta habilidad, es esencial primero explicar las razones por las que la mayoría de nosotros carecemos de esta habilidad clave. Profundizar en estos dos aspectos te ayudará a entender la importancia de desarrollar la confianza en ti mismo.

Seis razones por las que necesitas autodisciplina

El valor central de la autodisciplina es el éxito. Por lo tanto, es importante ejercer disciplina en cada oportunidad. Las razones para aprovechar la autodisciplina en tu vida incluyen:

1. La falta de ella significará que careces de autocontrol. Así, cuando trabajas en algo, te distraes rápidamente y te rindes a tus deseos, impulsos y sentimientos. No te dedicas a tus misiones, y rápidamente pierdes de vista lo que es esencial y beneficioso para ti. La autodisciplina busca revertir eso; te ayuda a apegarte a lo que sea que hayas planeado hacer, sin importar el nivel de incomodidad o las dificultades que enfrentes en el camino.

Cuando falta la autodisciplina, las posibilidades de desviarse son altas, lo que significa que puedes olvidarte de los deseos y objetivos a largo plazo para siempre. Por el contrario, si practicas la autodisciplina, siempre lograrás todo lo que deseas en la vida.

2. La autodisciplina te permitirá ejercer control sobre ti mismo y evitar pensar o sentirte negativo. Cuando eres autodisciplinado, piensas antes de actuar, haces una lluvia de ideas rápidamente, piensas lúcidamente, te enfocas en las tareas esenciales, completas eficientemente todos los quehaceres que has comenzado, y llevas a cabo exitosamente tus planes y decisiones a pesar de los obstáculos, dificultades e inconvenientes que se te presenten.

3. Además, la autodisciplina te ayuda a tomar las decisiones correctas evaluando las cosas, sopesando sus pros y sus contras; cuando eres autodisciplinado, rara vez tomas decisiones impulsivas erráticas.

4. Adicionalmente, la autodisciplina te ayuda a ser más feliz y más pacífico. Un estudio titulado: *Sí, pero, ¿son felices? Efectos del autocontrol de los rasgos en el bienestar afectivo y la satisfacción de la vida*, fue realizado en 2013 por Wilhelm Hoffman, y demostró que aquellos que tenían un alto nivel de autocontrol eran más felices en comparación con aquellos que carecían de autocontrol. De acuerdo con el estudio, las personas autodisciplinadas manejan mucho mejor sus conflictos de objetivos, pierden menos tiempo en

conductas poco saludables y pueden tomar decisiones positivas con facilidad. Esto, a su vez, mejora sus niveles de paz interior y felicidad.

5. La autodisciplina puede ayudarte a evitar tomar decisiones de forma precipitada o impulsiva, haciendo que cumplas las promesas que te has hecho a ti mismo y a los demás, y que sigas trabajando en un proyecto incluso cuando tu entusiasmo se haya desvanecido. Es lo único que te hará despertar cada mañana para hacer algunas de las cosas que sientes que no deberías hacer por tu falta de entusiasmo.

6. Con la autodisciplina, puedes desarrollar relaciones saludables, ganarte el respeto de los demás, y también puedes manejar tus pensamientos, reacciones, y eventualmente lograr todo lo que te has propuesto.

De lo anterior, queda claro que cultivar hábitos que mejoren tu autodisciplina es el paso correcto para transformar tu vida.

Por qué los hombres carecen de autodisciplina

A pesar de que la autodisciplina es un elemento vital que debería formar parte de tu personalidad, muchos hombres carecen de ella y están muy lejos de adquirirla. Pregúntate qué es lo que hace que sea tan imposible superar la pereza, dejar de comer en exceso o dejar de fumar.

La respuesta es que no tienes la autodisciplina para hacer lo que debas hacer para realizar tus metas y deseos. Necesitas saber qué es lo que falta para abordar correctamente la situación. Aquí están las razones por las que puede faltar autodisciplina:

- **La autodisciplina no es una habilidad incorporada**

La autodisciplina no es algo con lo que se nace, es algo en lo que trabajas y desarrollas. Los que son disciplinados han trabajado duro para desarrollar esta fuerza y los que no la tienen deben esforzarse para adquirirla.

- **Programación mental y emocional negativa**

No todos tenemos una "programación mental" positiva y saludable. En la infancia y a lo largo de sus vidas, muchas personas pasan por varios incidentes terribles que inducen al pensamiento negativo, lo que da forma a los comportamientos negativos y les impide ganar autodisciplina.

- **Entornos Negativos**

Un entorno positivo es obligatorio para el desarrollo de la autodisciplina y la fuerza de voluntad. Si la gente que te rodea no te apoya y te desmoraliza constantemente, nunca serás capaz de discernir entre el bien y el mal y de disciplinarte. Si no tienes la suerte de residir en un ambiente positivo, necesitas trabajar creando uno para ti para ganar autodisciplina.

- **Miedo al fracaso**

El miedo a fracasar en algo te impide tomar la iniciativa. Cuando no puedes iniciar tareas y actividades, no puedes avanzar hacia tus objetivos. Esto disminuye tu fuerza interior, una parte integral y esencial del desarrollo de la fuerza de voluntad.

- **Pereza**

Si eres increíblemente perezoso, nunca tienes ganas de hacer nada y siempre pospones. Donde hay dilación, no puede haber autodisciplina. Para desarrollar la autodisciplina, tiene que desaparecer la pereza y la procastinación: es así de simple.

- **Baja autoestima y autoconfianza**

Cuando no estás seguro de ti mismo y no te valoras mucho, no puedes estar seguro de tus habilidades. Cuando no eres consciente de tus fortalezas y no tienes confianza, desarrollar la disciplina para hacer las cosas será un desafío. Es más difícil desarrollar las habilidades que necesitas, porque si tienes baja autoestima y confianza, te parecerá mucho más fácil postergar la tarea, incluso si esta es crítica para el logro de ciertos objetivos.

- **Cayendo fácilmente en la tentación**

Si caes fácilmente presa de diferentes cosas que te alejan de tu objetivo, te falta autodisciplina. Para ganar control y voluntad propia, es esencial superar tus debilidades y tentaciones.

- **Falta de propósito**

Para ser autodisciplinado, tu vida debe tener un propósito, una meta que esperas con ansias y a la que puedes dedicarte. Por el contrario, si no conoces los objetivos de tu vida, y no los has realizado todavía, es probable que te falte autodisciplina.

Por todo lo mencionado, has notado una o dos razones por las que tu autodisciplina es deficiente. La falta de autodisciplina reduce tus posibilidades de conseguir lo que sea que desees en la vida. Por lo tanto, la autodisciplina es una cualidad que debes adoptar en tu vida.

La mentalidad importa: Cambiando tus creencias limitantes

Esta sección te mostrará el poder de tus creencias. Puede que seas consciente de estas creencias o no, pero en cualquier caso, las creencias limitantes afectan a tus objetivos en la vida. Cambiar tus puntos de vista autolimitantes, incluso de la manera más simple posible, puede tener efectos positivos en tu autoconfianza.

Tu personalidad emana de tu mentalidad. Todo lo que te impide cumplir con tus objetivos está basado en tus creencias y tu mentalidad.

Muhammad Yunus dijo una vez: "Mi mayor reto ha sido cambiar la mentalidad de la gente". Continúa diciendo que: "Las mentalidades nos juegan malas pasadas. Vemos las cosas de la manera en que nuestras mentes instruyen a ver a nuestros ojos."

Todo el mundo tiene una visión sesgada del mundo. Esto se debe a que tus experiencias de la infancia han dado forma a tus creencias en la vida, cómo ves las cosas y cómo percibes la realidad. Por ejemplo, si has vivido en la pobreza toda tu vida, con abuso sexual y emocional, nunca creerás en la bondad que la vida puede traer hasta que decidas hacerlo.

Esto significa que tus pensamientos son un factor significativo que afecta a tu forma de pensar y a cómo ves la vida. Por ejemplo, es posible que no hayas crecido en un vecindario difícil, pero viste a un amigo o vecino que alguna vez fue próspero, que de repente se volvió pobre en un instante. Esto te hará pensar y creer que es posible levantarse y caer rápidamente. Cuando pienses mucho en ello, temerás que pueda pasarte a ti. Y gradualmente, empezarás a creer en ello, y tu mente empezará a buscar formas de hacer que la creencia se cumpla.

Puede que no seas capaz de controlar mucho de lo que ocurre en tu vida, pero una cosa que sí puedes controlar son tus pensamientos. Tu mente subconsciente no puede diferenciar rápidamente entre lo que es real y lo que es una ilusión creada por tu imaginación. La mente aceptará la información que le des y actuará en consecuencia para procesar esa información.

Aquí, la decisión es tuya. Esta sección te ayudará a decidir si continuarás aferrándote a la mentalidad equivocada sobre ti mismo —dejando que el mundo o tu pasado sigan moldeando tu confianza—, o si actuarás para mejorarla. Si deseas cambiar tu forma de pensar, a continuación encontrarás algunas de las creencias negativas de las que debes deshacerte antes de plantar nuevos puntos de vista:

Tres malas mentalidades que debes evitar

- Perfección

Esta es una de las mentalidades erróneas, ya que puede reducir la confianza en uno mismo. Un concepto erróneo es que solo eres bueno cuando eres "perfecto". Por supuesto, no estarás seguro de ti mismo cuando te equivoques en algo, pero eso no significa que no puedas desarrollar la autoconfianza. El perfeccionismo puede comprometer tu autoestima. Si fijas tu confianza en "ser perfecto", significa que nunca tendrás confianza en toda tu vida, porque nadie es perfecto.

- **Que una mentalidad es permanente**

Puedes creer que tu destino está escrito en piedra y que no puedes cambiar nada de ti mismo. Tiendes a tener la mentalidad de que esto es justo: "Cómo Dios te hizo". Tal afirmación muestra que tu situación es permanente y que no puede ser cambiada. Esta creencia limitante te hará sentir como un ser inferior. Con una autoestima tan baja, no podrás tener confianza en ti mismo. Si tienes una mentalidad tan rígida, a menudo pensarás que esforzarse por tener confianza en ti mismo es una pérdida de tiempo. Los hombres afectados evitarán cualquier cosa que requiera un esfuerzo extremo para cambiar para mejor.

- **El logro es igual a la confianza**

Tus logros pueden, de hecho, hacer que te sientas confiado. Pero esto no debe confundirse con el hecho de que tienes que tener éxitos primero para tener confianza. Por el contrario, puede que tengas tanto éxito en la vida, solo porque estabas seguro en primer lugar. Si lo logras sin confianza, eso se considera un logro accidental. Tomemos el ejemplo del difunto Kobe Bryant, quien desarrolló confianza en el juego de baloncesto desde la infancia. Cuando se unió a la NBA, tenía la confianza suficiente para lograr los mejores resultados, ya que había desarrollado el arte desde su infancia. Necesitarás tener confianza en ti mismo antes de poder alcanzar los objetivos que te has propuesto.

Siete maneras para desarrollar la confianza con la mentalidad correcta

Hay varias maneras de evitar una mala mentalidad. Algunas son simples y fáciles de implementar, pero otras pueden ser muy duras y costosas. Aquí hay algunas formas prácticas de desarraigar una mala mentalidad que te impide tener confianza y ser un hombre "Alfa":

1. Practica afirmaciones positivas

Jimmy Connors dijo una vez: "Úsalo o piérdelo". En lo que respecta a tus pensamientos y mentalidades, cuanto menos ejercites tu mente, más débil se vuelve. Y a medida que la mente se debilita, será propensa a ser afectada por factores externos, lo que afectará significativamente a tu confianza. Al usar afirmaciones positivas (autoconversación positiva), ejercitarás tu mente para tener confianza en ti mismo. Es una forma efectiva de influir en tu mente subconsciente para que tengas más confianza. Las afirmaciones positivas se usan mejor con un compañero. Como tú no eres perfecto, al incluir a un amigo de confianza o a un miembro de la familia, te beneficiarás de su ayuda ya que te recordará cuando te desvíes de tus objetivos. Un compañero te dirá que elimines la mentalidad negativa si ve que vuelve.

2. Deja de pensar en las mentalidades negativas

Siempre saca de tu mente las ideas malas. Evita comprometer tu mente pensando en las mentalidades equivocadas. Si piensas en por qué no puedes estar seguro, siempre cuestionarás tu autoestima. Esto es como meditar o pensar en una cosa en particular, tan repetidamente que se convierte en parte de ti. Cuanto menos pienses en las creencias limitantes, más desarrollarás tu autoestima. Si se hace con el tiempo, podrás aumentar tu autoestima.

3. Interrógate a ti mismo

La mejor manera de evitar una mentalidad negativa es desafiarla. Puedes lograrlo preguntándote continuamente sobre los beneficios que obtienes de la mentalidad limitante. Esto debe hacerse regularmente, de modo que eventualmente, te encontrarás eliminando completamente la mentalidad limitante que afecta tu confianza.

4. Mantén la compañía correcta

Para desarrollar tu confianza, deberías probar a salir con hombres seguros. La transferencia de espíritu se producirá cuando estés rodeado de gente muy segura de sí misma. Serás capaz de copiar lo que están haciendo, y en poco tiempo, y con la práctica, se convertirá en parte de ti. Lo bueno es que con la confianza, una vez que la dominas, es imposible perderla. Pero de nuevo, incluso mientras la adquieres, debes practicar muy a menudo. La experiencia, dicen, es un excelente maestro. Pero aun así, puedes aprender mucho de las experiencias de otras personas. De esta manera, podrás evitar intentar cosas tontas que tus amigos ya han experimentado, y compartieron las repercusiones contigo.

5. Busca la excelencia

El viaje a la autoestima requiere que te esfuerces por sobresalir en la vida, en lugar de ser perfecto. Como discutimos antes, la búsqueda de la perfección es el mayor asesino de la confianza. Por otro lado, la excelencia se refiere a que des lo mejor de ti en las tareas que realizas, ya sea en el trabajo o en la familia, en los deportes o incluso en el trabajo escolar. Sobresalir en lo que haces es un impulso significativo para tu confianza. El secreto de la excelencia es aprovechar al máximo lo que tienes en tus manos. La excelencia implica todas las elecciones que haces.

6. Practica la mejora continua

Sobresalir es el primer paso para desarrollar tu autoestima. Pero después de eso, necesitas sobresalir continuamente y mejorar tus puntuaciones del último recuento. Es común encontrar que un teléfono costoso que compraste recientemente puede ser considerado obsoleto e inútil en menos de tres meses. Ahora volviendo a ti, las habilidades que has logrado estarán obsoletas en unos pocos meses, y esto afectará significativamente tu capacidad para manejar las tareas de manera excelente, y en consecuencia, afectará tu autoestima.

Por ejemplo, las redes sociales se han convertido recientemente en una fuerza que da forma a la vida personal y a los negocios. La necesidad de expertos en redes sociales ha aumentado significativamente. Muchos se están poniendo al día con esta demanda y han aprendido a ser expertos en marketing. Por lo tanto, si tú estás en el campo del marketing, debes entender las tendencias en el marketing de redes sociales y cómo puedes aprovecharlas eficazmente para aumentar el valor de tu negocio. Estar en la cima del juego es un estímulo para la confianza. Si no inviertes continuamente en tu crecimiento personal o profesional, corres el riesgo de perder tu confianza a largo plazo.

Por el contrario, el crecimiento personal juega un papel importante en el aumento de la confianza en uno mismo. Tú estás muy por delante de muchos con solo leer este libro. La lectura es el medio más crítico y directo de crecimiento personal. Al leer libros, puedes acceder a la mente de muchos; también te proporciona el lujo de la comodidad, ya que puedes leer un libro a tu propio ritmo.

7. Visualiza

Otra forma de tener una mentalidad positiva es programar tu mente a través de la visualización. Esta es la capacidad de crear una imagen mental precisa y vívida de lo que quieres en la vida. Crea una imagen mental clara de ti mismo actuando a tu nivel óptimo en cualquier situación dada, y visualízala resultando precisamente de la manera que quieres. De esta manera, tus niveles de confianza aumentarán, ya que en estas visualizaciones te considerarás digno y contribuirás al mundo positivamente.

Por lo tanto, hemos visto que mantener una mentalidad positiva y evitar las creencias limitantes es la clave para desarrollar la autoestima o la confianza en uno mismo. La positividad es el acto de ver la vida o las cosas que suceden en tu vida desde una perspectiva positiva.

Mantener una mentalidad positiva no significa que estés ciego a la negatividad que existe en el mundo. Solo significa que te fijas en las cosas buenas posibles o reales que pueden emanar de los eventos, acciones, situaciones o personas. Con esta sección, has aprendido cómo las creencias limitantes marcan el rumbo de tu vida. Lo que crees impregna cada parte de tu vida adulta.

Autoevaluación de la mentalidad

Para establecer si estás en el estado mental adecuado para manejar lo que la vida te arroja, necesitas evaluarte haciéndote estas preguntas:

- ✔ ¿Tienes paz mental?
- ✔ ¿Estás en control de tu propia vida?
- ✔ ¿Planeas bien tu vida?
- ✔ ¿Sabes cómo alcanzar tu máximo potencial?
- ✔ ¿Te gustas a ti mismo?
- ✔ ¿Te preocupa lo que la gente pueda pensar de ti?
- ✔ ¿Estás dispuesto a dejar el pasado en el pasado y hacer cambios en tu vida?
- ✔ ¿Esperas lo mejor de ti mismo?
- ✔ ¿Practicas regularmente el pensamiento positivo y las afirmaciones positivas?
- ✔ ¿Estás destinado al éxito?
- ✔ ¿Estás continuamente mejorando y creciendo hacia tu potencial?

Las preguntas anteriores te ayudarán a programar tu mente e incluso te permitirán saber qué pensar. Tú eres el resultado de todo lo que has creído hasta ahora. En lo que te convertirás en el futuro será en última instancia el resultado del contenido de tu mente.

La ley de la creencia establece que todo lo que crees con sentimiento se convierte en tu realidad, y si deseas cambiar tu realidad, primero debes cambiar tus creencias sobre ti mismo.

Además, la ley de la expectativa establece que lo que esperas con confianza se convierte en tu profecía autorrealizada, y por esta razón, debes asumir lo mejor de los demás y de cada situación. Por último, la ley de atracción establece que inevitablemente atraes a tu vida a las personas y circunstancias que armonizan con tus pensamientos dominantes. Para atraer a diferentes personas o situaciones, tienes que cambiar tu forma de pensar.

Por lo tanto, nadie permanece igual durante un período prolongado. Estás cambiando continuamente en la dirección de tus pensamientos y objetivos dominantes. Debes tener en cuenta el tipo de persona que te gustaría ser y los objetivos que quieres lograr. Para desarrollar la autoestima, tienes que dejar atrás el pasado. Tienes que desarrollar nuevos hábitos y patrones de pensamiento sobre ti mismo. Esto se hace pensando, hablando y actuando de una manera que sea consistente con la persona que deseas ser en el futuro, con los atributos y características que te gustaría adoptar.

La fortaleza mental: El método "Cero M*erda"

La fortaleza mental es tu capacidad para hacer frente a las presiones, los factores estresantes y los desafíos y para obtener los mejores resultados posibles, a pesar de las circunstancias en las que te encuentres. También se define como la capacidad de levantarse después de los fracasos y reveses, y la resolución de detectar y aprovechar las oportunidades que se presenten.

También, la fortaleza mental puede definirse como un "carácter en acción". Esta definición fue acuñada por el famoso entrenador de fútbol, Vince Lombardi. La fortaleza mental es esencial porque compensa la falta de habilidad, capacidad natural y fuerza. A menudo se oye decir que las personas que están en la cima de cualquier campo no son los más talentosos; son los que se quedaron y se mantuvieron en él a pesar de los desafíos que enfrentaron. La fortaleza mental impide que te conviertas en un desertor. En el documental "Pumping Iron" (1977), Arnold Schwarzenegger dice que hay que seguir y seguir, sin importar lo que pase. Esta determinación es lo que lleva a un atleta a través de la competencia en un maratón: debes seguir corriendo hasta que llegues a la meta.

Por lo tanto, como quiera que lo llames —agallas, pelotas, ingenio, o voluntad— esto es lo que llamamos "fortaleza mental". La pregunta ahora es: ¿cómo te vuelves mentalmente saludable y fuerte?

Si preguntas por ahí, muchos entrenadores, atletas y líderes corporativos te dirán que la fortaleza mental es innata o se desarrolla en las primeras etapas de la vida, dependiendo del entorno en el que crezca un niño. Es un desafío transformar a las personas, pero al darte cuenta de que eres capaz de mejorar los diversos aspectos de tu vida, debes seguir con el mayor optimismo.

Habilidades que definen a un hombre mentalmente fuerte

Las personas mentalmente fuertes rápidamente llegan a posiciones de influencia y poder en los negocios, el liderazgo, los deportes e incluso en la vida. Al observarlos con atención, los expertos han esbozado algunas habilidades comunes en todos ellos.

Estas habilidades definitorias incluyen, pero no se limitan a:

- **Un híperenfoque.** Esta es la habilidad de desempeñarse a niveles máximos con facilidad sin ceder a las distracciones y con claridad mental. Esto se llama "estar dentro de la zona".
- **Una mentalidad ganadora.** Una mentalidad ganadora es una actitud que debes ganar o al menos operar al máximo nivel de eficiencia posible, manteniendo la consistencia. Para ello, debes tener una fuerte creencia y fe en tu campo de experiencia y habilidades a pesar de los desafíos que se te presenten.
- **Fuerza de voluntad.** Como se ha señalado anteriormente, la fuerza de voluntad combina esfuerzo, intención y coraje. El objetivo es la "voluntad" en la fuerza de voluntad. Es la insistencia en

permanecer en la misma tarea hasta que todo el trabajo esté hecho. El esfuerzo que se pone en hacer algo es el poder. Te impulsa a lograr lo que se requiere de ti a pesar de los desafíos que encuentres. El coraje es la disposición para soportar todo el miedo y otras emociones que necesitas para realizar la tarea.

- **Serenidad.** Una persona mentalmente fuerte tiene que mantener la calma bajo presión. A medida que la situación se agrava y todos los demás se vuelven locos, el individuo se mantiene calmado, se toma el tiempo para evaluar la situación, y luego hace el mejor movimiento posible. Debes permanecer involucrado en el caso sin importar cuán alta sea la presión.

- **Buen perdedor.** Junto con la mentalidad de un ganador está la habilidad de aceptar que el ejecutante es capaz de fracasar. A veces, incluso con la mayor concentración y una costosa inversión de habilidades y recursos, puedes fallar en el cumplimiento del objetivo establecido. Sin embargo, el truco está en tu capacidad para extraer lecciones y valores de cada experiencia y canalizarlos en la siguiente prueba, para un éxito continuo.

- **Reconocimiento.** Para desarrollar la fortaleza mental, necesitas reconocer cada situación, tanto la buena como la mala. Una persona mentalmente sana está lista y dispuesta a asumir esa responsabilidad y presión. Crees que, sean cuales sean los desafíos y las probabilidades, debes encontrar una solución. En caso de fracaso, harás un balance, evaluarás tus pasos para ver dónde te equivocaste, extraerás lecciones, y luego seguirá adelante. Sabes cómo superar las emociones y pensamientos negativos de manera efectiva.

- **Preparación.** La preparación implica mucha planificación. Un buen hombre planificará con suficiente antelación. También creará un plan de respaldo que puede ser activado si, de hecho, el plan original falla o simplemente no funciona. La planificación y la preparación de esta naturaleza te permiten permanecer tranquilo, independientemente de la situación. Además, la tarea en sí puede ser retomada y finalizada completamente, sin tener que volver al punto de partida. Es más, tu espíritu no queda aplastado, y el ritmo de ejecución no se ve muy afectado por la pérdida y el fracaso percibido.

- **Listo para asumir el reto.** Una persona mentalmente fuerte no lloriquea. Tú no te quejas. Lo que sea que se te presente, lo aceptas de buena gana. Ya sea que tengas que quedarte despierto hasta tarde para trabajar en algún proyecto, ya sea que tengas que contratar más gente para entrenar, ya sea que corras varios kilómetros más. Sea lo que sea, tienes una actitud de "adelante", y esto produce exposición, experiencia y éxito.
- **Optimización del estrés.** Es la capacidad de manejar la presión y el estrés durante cualquier evento, sin ninguna ansiedad, miedo o duda, o al menos mantener tu rendimiento sin que se vea afectado por ellos. Un individuo que ha aprendido a optimizar el estrés aprovechará un entorno estresante y obtendrá resultados que otros no podrían haber presentado en condiciones similares.
- **Estira los límites.** Esta es tu capacidad para exigir el máximo esfuerzo físico, incluso frente al estrés mental y físico. Podrías tener dolor o molestias físicas y comprometerte a dar el mejor rendimiento independientemente de la situación en cuestión. Hemos visto a atletas con fuertes dolores físicos terminar la carrera en las pistas.

Hemos visto las habilidades que necesitas desarrollar, para afirmar que eres un hombre mentalmente duro. Ahora, veremos los métodos utilizados para lograr la fortaleza mental. A continuación se presentan los enfoques o hábitos "cero m*erda" que debes practicar diariamente para convertirte en una persona mentalmente fuerte:

Hábitos rutinarios de los hombres mentalmente duros

Si eres un hombre mentalmente duro, existe una gran posibilidad de que no hayas nacido duro. Has desarrollado estos hábitos críticos y los has estado practicando todos los días, lo que te diferencia de otros hombres. Estos hábitos son discernibles en la forma en que abordas la vida y los desafíos que te llegan. Los métodos de un hombre mentalmente duro son usualmente diferentes al enfoque de un hombre promedio.

Como dijo Henry Ford de Ford Motors una vez: "El fracaso es simplemente la oportunidad de empezar de nuevo, esta vez de forma más inteligente". Una vez que hayas identificado los errores que te impiden tener éxito, tendrás que desarrollar la actitud mental correcta para ayudarte a navegar a través del fracaso, superar los desafíos y las diferentes opiniones, y los malos hábitos que te asfixian.

Estos son algunos de los hábitos que debes practicar diariamente para desarrollar la fuerza mental y la resistencia que necesitas:

- **Practica la gratitud.** Como una persona mentalmente sana, contarás tus bendiciones todos los días, en lugar de tus problemas, para ayudar a mantener tu vida en perspectiva. La "actitud de gratitud" trae la alegría que elimina todos los sentimientos negativos, y eleva tu estado de ánimo, en la preparación para las tareas en cuestión.
- **Acepta los desafíos.** Para una persona mentalmente dura, un desafío es solo una oportunidad para hacerse más fuerte. Con cada victoria, te vuelves más confiado y mejor en lo que haces.
- **Mantén límites saludables.** Los límites emocionales, sociales y físicos crean el espacio que una persona de mente dura necesita para crecer. A pesar de que decir "no" puede decepcionarte si estás tratando de superar los límites, estás feliz de tomar ese riesgo, por el bien de asegurar el éxito en el futuro.
- **Mantén el poder personal.** Una persona fuerte no permite que una persona negativa ejerza ningún control o influencia. Tampoco está dispuesta a utilizar a otras personas como excusas para justificar por qué se le está reteniendo o arrastrando; asume toda la responsabilidad de sus acciones.
- **Solo concéntrate en las cosas sobre las que tienes poder.** Las personas mentalmente fuertes saben el valor de ser continuamente efectivas y productivas en sus roles. Esto solo se puede lograr cuando te concentras en las cosas que puedes controlar, en lugar de perder el precioso tiempo pensando en tormentas actuales o futuras sobre las que no tienes control. Gastarás energía en prepararte y responder a algo que ocurre, en lugar de intentar evitar que ocurra.

Por ejemplo, si el país espera entrar en una recesión, no intentas prevenirla; sería una completa pérdida de tiempo. En cambio, trabajas en manejar la organización y en la planificación de la respuesta que la empresa tendrá cuando llegue la recesión. ¿Disminuirá la producción? ¿Cómo afectará eso al mercado? Una mente estable pensará en esos temas.

- **Haz las paces con el pasado.** El pasado solo es esencial para una persona de mente dura por sus lecciones. Reflexiona sobre ello para que sea una lección, no te arrepientas de tus acciones o las de los demás. Tampoco guardes rencor.
- **Aprende de los errores.** En lugar de castigarse por un error, una persona mentalmente sana se centrará en las lecciones aprendidas. Asumirá toda la responsabilidad de su comportamiento y elegirá seguir adelante, positivamente.
- **Toma riesgos calculados.** Cada decisión que tome una persona mentalmente dura debe estar respaldada por la lógica, de modo que cada riesgo que tome sea calculado para sus posibles ganancias o pérdidas. Como tal, debes estar dispuesto a salir de tu zona de confort para buscar oportunidades y soluciones no tradicionales que te impulsen al éxito.
- **Ten un tiempo a solas.** Cualquier persona exitosa te dirá el valor del tiempo a solas. Cuando te dejen solo con tus pensamientos, puedes meditar, escribir un diario, planear y reflexionar. Algún tiempo de soledad es esencial para cualquier mente creciente e innovadora.
- **Asume toda la responsabilidad.** Como se mencionó en un punto anterior, como una persona mentalmente fuerte, tú te harás cargo de tu vida. No esperes a que se te den oportunidades, ni te sientes a quejarte de lo que debería haber sido o de lo que se te debe. Sales y haces que suceda.
- **Persevera.** La gente fuerte cree que las cosas buenas llevan tiempo y que vale la pena esperarlas. Serás persistente y paciente mientras te esfuerzas por alcanzar determinados hitos en el viaje de tu vida.

- **Sé realista en tu optimismo.** Las personas mentalmente fuertes no son soñadoras. Se niega a que lo depriman las opiniones y predicciones pesimistas, pero aun así, no se permitirá estar demasiado confiado.
- **Permite la incomodidad.** El dolor es una parte necesaria del proceso, y una persona mentalmente dura no teme experimentarlo. Puede significar cansarse demasiado o resistir la necesidad de ser gratificado instantáneamente. Esto requiere mucha autodisciplina para soportar la incomodidad.
- **Trabaja en los hábitos no saludables.** Como una persona mentalmente fuerte, no permitirás que tus hábitos no saludables se interpongan en el camino del éxito. Entiendes que la mente tiene la capacidad de convertirse en el peor enemigo de tu éxito. Por lo tanto, trabaja continuamente contra el exceso de comida, tu mal genio, apretar el botón de "snooze", ver películas que alteran la mente y otros comportamientos negativos que limitan el éxito.
- **Usa tu capacidad mental sabiamente.** Como persona mentalmente fuerte, no te quejarás de las cosas que no puedes cambiar, ni seguirás repitiendo algo que sucedió en el pasado. Sabes que no debes dedicar tu energía a actividades y tareas improductivas. Tus recursos limitados, como el tiempo y la energía, se utilizan con moderación y de manera correcta.

Cinco hábitos de autodisciplina para la mejora diaria

En la sección anterior, hemos explorado por qué puede faltar la autodisciplina. Es una cualidad que debe adquirirse en primer lugar mediante la evaluación de uno mismo y luego practicar los hábitos que mejorarán tu autodisciplina. Como la autodisciplina es una cualidad excelente, no debes esperar a que aparezca de forma natural, porque no lo hará. Deja todas tus excusas y practica los hábitos de autodisciplina diariamente.

Comienza por identificar tus objetivos y metas, así como determinar por qué deseas deshacerte de todos los comportamientos erróneos. Evitar las excusas es uno de los muchos hábitos que debes practicar diariamente para convertirte en un hombre disciplinado.

A continuación se describe detalladamente los cinco hábitos de autodisciplina que debes practicar diariamente:

1. Entra en acción. No esperes al momento adecuado; es común encontrar consejos que te digan que hagas algo cuando te parezca correcto y que te detengas cuando no tengas ganas de hacerlo. Se dice que debes seguir tu instinto. Desafortunadamente, esto se basa en las emociones, que a menudo son inestables y muy impredecibles. Todo hombre tiene una montaña rusa de emociones. El desarrollo de la autodisciplina consiste en aprender a superar el bloqueo que se crea, como esperar el momento adecuado para hacer algo.

Como se describió anteriormente, la autodisciplina es lo que te mantiene enfocado en tus objetivos, incluso cuando ya no te sientes entusiasmado. Esto significa que las emociones no deberían ser un factor determinante para empezar a hacer algo o no. Por lo tanto, estás esperando el momento o la sensación adecuada, y este es un enfoque equivocado para desarrollar toda la autodisciplina que necesitas en la vida.

Elegir trabajar o no trabajar en una tarea basándose en la comodidad que ofrece es el enfoque equivocado para hacer cualquier cosa, y es una táctica que puede impedir que ganes autodisciplina.

Si tienes la mentalidad de que debe esperar el momento adecuado y la emoción para hacer algo, contrarresta eso revisando tu "¿Por qué?". Por supuesto, al desarrollar tu lista de razones para perseguir un objetivo, nunca incluiste tus emociones en ella, así que ¿por qué deberían ser un factor determinante a la hora de hacer las cosas? Pero, ¿cómo puedes superar el hábito de esperar el momento y el sentimiento adecuados? La respuesta es: entrando en acción, incluso si es incómodo hacerlo.

2. Deja el hábito de poner excusas. A continuación, debes descartar tu comportamiento no saludable de inventar excusas para retrasar una tarea. Esto tiene todo que ver con la postergación. No puedes llegar lejos en tu búsqueda de desarrollar tu autodisciplina si lo postergas continuamente. La razón por la que has estado luchando a lo largo de los años para lograr tus objetivos es probablemente porque inventas excusas para no empezar (lo que equivale a postergar).

Déjame darte un ejemplo de la forma que toman las excusas. "No podré ir a correr porque mi compañero de jogging no vendrá" o "No iré al gimnasio por 30 minutos hoy porque quiero ir por una hora la próxima vez". Bueno, todas estas son excusas. Sin embargo, si quieres transformarte en una versión que no da excusas, tendrás que ser muy honesto contigo mismo para determinar la verdadera razón por la que no quieres hacer algo que debe hacerse para lograr tu objetivo.

Por ejemplo, si se te ocurre una excusa como "No voy a salir a correr ahora que hace mucho frío afuera", entonces debes ser honesto contigo mismo y declarar la verdadera razón por la que no corres. Di a ti mismo, "No voy a correr porque me siento perezoso y me falta la voluntad de hacer algo saludable."

Nadie admitirá que es perezoso. Es por eso que esta comprensión te empujará fuera de tu zona de confort autodefinida de pereza, para probarte a ti mismo que no eres perezoso. Con el tiempo, será fácil transformar tu vida cuando dejes de dar excusas por tu incapacidad de actuar.

3. Desarrolla un plan de acción y entra en acción. Este es un hábito que necesitas desarrollar y practicar diariamente. Para desarrollar la autodisciplina, tendrás que trabajar en tus metas personales preparando un plan de acción para ellas. Aquí está cómo hacerlo:

✔ Haz su plan de acción. Puedes crear un plan de acción tabular o usar Excel o MS Word para crear uno. Averigua qué pasos tienes que llevar a cabo y en qué orden deben realizarse para hacer lo que hay que hacer para alcanzar un objetivo determinado.

Asegúrate de añadir columnas o secciones esenciales, como "acción a tomar", "tiempo para comenzar la tarea", "posibles problemas que podría enfrentar", "estrategias que puedo adoptar para superar los problemas" e "informe sobre la marcha de los trabajos". A continuación, es necesario llenar las columnas con el contenido apropiado.

✔ **Prepárate para tomar medidas.** Una vez que hayas completado la información requerida para lograr un objetivo, lo siguiente es tomar acción. Pero antes de hacerlo, asegúrate de revisar el documento para "absorber" todo lo que hay en él. También debes usar esta revisión para identificar cualquier defecto en el documento, y si encuentras alguno, asegúrate de hacer los cambios necesarios.

A continuación, debes prepararte para tomar acción. En este caso, la acción se refiere a los pasos a seguir para lograr tus objetivos. Por ejemplo, tus esfuerzos podrían incluir actividades como encontrar una buena clase de yoga e inscribirte en una para comenzar tu viaje hacia la pérdida de peso con el yoga, si eso es lo que quieres lograr. Y mientras lo haces, debes dejar que tu plan de acción te guíe a la acción. Pero si el plan de acción no es lo suficientemente detallado como para que tenga los detalles específicos o incluso los más pequeños, puedes conseguir que alguien te ayude con ideas para pasar a la acción.

✔ **Anticípate a los problemas que puedan surgir y encuentra soluciones.** Es necesario considerar cualquier posible problema o problemas a los que probablemente te enfrentes cuando trabajes en tu plan de acción y elaborar estrategias que te ayuden a superar esos problemas.

Por ejemplo, si te preocupa apagar la alarma cuando suene a las 5 de la mañana y te quedes dormido otra vez, entonces un problema potencial podría ser "probablemente me quedaré dormido". Entonces identifica cualquier solución factible que pueda ayudarte a abordar este problema. Por ejemplo, podrías pedirle a tu pareja o a tu compañero de cuarto que te despierte y se asegure de que no te vuelvas a dormir. Podrías tener un compañero de responsabilidad que te asegure que sigues tu plan de acción. Podría llamarte a la hora de hacer ejercicio y seguir llamando hasta que te despiertes. Piensa en estrategias similares como estas para inculcar respeto en tu plan de acción.

✔ Revisa tu plan regularmente. No puedes saber lo bien que lo estás haciendo si no haces un seguimiento de tu progreso. Esto significa que no podrás saber si realmente estás siguiendo tu plan de acción.

Por lo tanto, es importante que hagas los planes necesarios para saber qué tan bien te estás desempeñando con respecto al seguimiento de tu plan de acción. Por ejemplo, si quieres perder peso (digamos 15 libras en dos meses), tendrás que determinar con qué frecuencia te pesará para determinar tu progreso. Si notas algún defecto en tu plan de acción, este es el mejor momento para solucionarlo. Esto aumentará tus posibilidades de seguir el procedimiento y fomentar tu autodisciplina.

✔ Nunca repitas los errores. Estás obligado a cometer errores a lo largo del camino. Eso está bien. Nunca te menosprecies, critiques o te odies a ti mismo por cometer un simple error. Todo lo que necesitas hacer es levantarte, respirar y seguir presionando. Estudios demuestran que cuando cometes un error, es probable que te cierres o intentes resolver el problema. Si te concentras en tus errores y luchas por corregirlos, es más probable que tengas éxito, en lugar de pasar por alto tus defectos o ignorarlos por completo.

✔ Cuando descubras tu error, tómate un tiempo para reflexionar sobre los errores tan objetivamente como sea posible y evita culparte o criticarte por cualquier mala acción. Quieres animarte a la acción, no criticarte por tus defectos. Reflexiona sobre los aspectos positivos y los beneficios que vendrán con el fomento de la autodisciplina. Esto te dará una visión de conjunto, aumentando así tus posibilidades de sentirte motivado para la acción, en lugar de sentirte mal por cometer errores.

4. Practica la superación de las tentaciones. A medida que trabajes en el desarrollo de la autodisciplina, debes anticiparte a enfrentar muchas "tentaciones". Cambiar de la persona que fuiste en un principio, una persona que carecía de autodisciplina, a una que tiene una excelente autodisciplina, va a tomar algún tiempo y tendrá una curva de aprendizaje empinada.

No debes esperar pasar de un extremo a otro del espectro instantáneamente sin enfrentarte a ninguna tentación de volver a los hábitos a los que estás tan acostumbrado.

Aquí hay algunas estrategias sobre cómo superar las tentaciones y mantenerte comprometido con tu objetivo:

✔ Despréndete de las atracciones que te llevan a las tentaciones.

✔ Prepárate para resistir la tentación.

✔ Sopesa la gratificación instantánea contra las consecuencias a largo plazo.

✔ Mantente ocupado con cosas importantes para evitar caer en la tentación.

5. Inspírate y desarróllate. La autodisciplina no solo se crea eliminando las tentaciones de tu vida; tomando las decisiones correctas; siguiendo tus planes de acción; y desechando las excusas. Hay otra cosa que también necesitas hacer: nutrirte y mantenerte motivado.

Ganar autodisciplina puede ser un gran desafío, sobre todo si no estás acostumbrado a ello. Cometerás errores al principio y probablemente incluso consideres renunciar. Pero como esto sucede principalmente cuando no te alientas a ti mismo, necesitas idear estrategias creativas que puedas seguir para mantenerte motivado mientras trabajas para transformar tu autodisciplina.

Aquí hay algunas formas seguras de inspirarse:

✔ Elógiate todos los días.

✔ Cuida bien de ti mismo.

✔ Duerme lo suficiente.

✔ Haz ejercicio regularmente.

Metas de poder: Pensar a largo plazo para el éxito

Para tener éxito en la vida, debes crear una visión clara de lo que quieres en la vida. Establece metas claras. En los capítulos anteriores, has aprendido sobre las formas de eliminar las creencias limitantes. Ahora puedes reafirmar tus objetivos personales y darles vida de una manera que se registrará en tu mente inconsciente y ayudará a que suceda.

Tener una imagen clara de tus metas y objetivos en el futuro te inspirará y te mantendrá enfocado en hacer todo lo necesario para lograr la meta. Esta última sección de este libro te guiará a través de:

- Por qué el establecimiento de metas es clave para el éxito a largo plazo.
- ¿Qué es lo que funciona bien al establecer metas?
- Aprenderás las cinco condiciones necesarias para el éxito de las metas.
- Aprenderás cómo hacer que tus metas sean convincentes.
- Aprenderás cómo instalar tus metas para el éxito a largo plazo.

Establece tus metas

Deberías establecer tus metas de la manera correcta para el éxito. Hay una forma correcta, y hay una forma incorrecta de establecer tus metas. El enfoque correcto debería ser el camino SMART porque te permite planear, actuar y analizar el progreso que has realizado.

Es más probable que tengas éxito en la vida si eres bueno analizando tu progreso y haciendo un seguimiento de las cosas que se supone que debes lograr para tener éxito.

El viaje hacia el éxito siempre comenzará con la fijación de metas. Estas metas se convertirán en el foco central de tu vida. Debes elegir el menor número de metas posibles, ya que cuantas más metas te propongas, más te llevará alcanzar cada una.

Debido a que necesitas limitar tu atención a unas pocas metas como sea posible, sin duda tendrás que dejar de trabajar en otras metas menos importantes. Si temes hacerlo, debes preguntarte si el hecho de haberte extendido hasta ahora te ha ayudado a lograr algo en la vida.

Cómo establecer la meta correcta

La meta o los objetivos en los que elijas centrarte tienen que ser tan importantes que puedan transformar tu vida. También tienen que proporcionar más beneficios que descuidar tus objetivos menos vitales. En otras palabras, como ejemplo, tienes que sentirte bien renunciando o retrasando el convertirte en un gran jugador de golf e ir al gimnasio para desarrollar un six-pack a cambio de mudarte a la casa de tus sueños.

Objetivos de transformación comunes

1. Ponerse en forma. Esto incluye: perder peso, hacer más ejercicio, reemplazar los malos hábitos por otros saludables. Si tu bienestar a largo plazo está en peligro, ningún otro objetivo es tan importante como seguir las órdenes de tu médico. Renuncia a cualquier otra aspiración y conviértala en tu máxima prioridad.

2. Construir un negocio, avanzar en tu carrera o renovar tu marca. Esto incluye aprender habilidades y adquirir las credenciales necesarias para cambiar de ocupación.

3. **Encontrar una pareja, comenzar una familia, cuidar de tus hijos y otros objetivos relacionados con las relaciones.** Al igual que cuidar de tu salud, esto puede ser a veces más crucial que cualquier otro propósito. Salvar tu matrimonio es más importante que desarrollar tu carrera.

4. **Aprender una habilidad o desarrollar un rasgo que produzca un cambio profundo en tu vida o te dé más oportunidades.** Esto podría incluir: eliminar la procastinación de tu vida, aprender un idioma extranjero, superar la timidez, convertirte en un orador público profesional o superar una fobia paralizante.

5. **Objetivos de estilo de vida, como viajar, comprar una casa y mudarse al lugar de tus sueños.** Debes estar seguro de no poder imaginar tu vida sin hacer realidad esta meta u objetivos. Esto es imperativo; si no piensas en tu objetivo como una necesidad en tu vida y un deber absoluto, no lo lograrás.

Cuando me fijé una meta para convertirme en un empresario exitoso, no fue solo un deseo. No había ningún escenario posible en el que no fuera a tener un negocio rentable. Era incapaz de imaginarme trabajando para alguien más.

Si no tienes una convicción y deseo tan profundos por la meta o los objetivos que quieres alcanzar, reconsidéralos. Toda la estrategia se basa en la suposición de que eventualmente lo lograrás o morirás en el intento (y "eventualmente" aquí significa que lo intentarás una y otra vez, aunque te lleve décadas).

Debes establecer objetivos claros, ya que te dan una dirección. Cuando sepas cuáles son tus objetivos, verás el camino que tienes que seguir para llegar allí, y tendrás algo a lo que aspirar, para que puedas hacer ajustes si te desvías del camino. Tener un sentido de propósito es una necesidad humana fundamental. Sin esto, te vuelves infeliz. Con la fijación de objetivos, serás más flexible y resistente y podrás hacer frente a las condiciones cambiantes a medida que te desarrollas continuamente.

Cómo seleccionar los objetivos a perseguir

¿Qué sucede cuando tienes varios objetivos que perseguir y no estás seguro de cuáles debes abandonar y cuáles deben esperar? Hay varias técnicas que puedes usar para decidir. A continuación se presentan algunas:

- **Intenta tirar una moneda al aire.** Esta técnica suena ridícula, pero debe ser abordada con una mente abierta. Si necesitas decidir entre dos objetivos, asigna objetivos a cada lado de la moneda y lánzala. Sabrás qué objetivo está más cerca de tu corazón antes de que la moneda caiga, porque te encontrarás a ti mismo buscándolo. Presta atención a esa respuesta emocional que ocurre mientras esperas ver el resultado de lanzar la moneda.

Si no tienes una moneda cerca, usa un randomizador en línea, o toma dos hojas de papel, escribe los objetivos y pide a otra persona que elija uno de ellos sin mostrarle las respuestas. De nuevo, presta atención a lo que esperas que sea el resultado.

Este enfoque a menudo funciona mejor que analizar cada objetivo y tratar de tomar una decisión lógica. Podría ser porque cuando se trata de establecer los objetivos que más te importan, tu instinto suele saber más.

- **Piensa en tus valores más críticos.** Otra técnica que puede ayudarte a reducir tu lista de objetivos o a priorizarlos es pensar en tus beneficios clave.

Para mí, uno de mis valores más importantes es la libertad personal; por lo tanto, mi objetivo era convertirme en un empresario exitoso.

¿Qué es para ti? ¿El estado actual de las cosas te impide adoptar plenamente tus valores más cruciales en tu vida cotidiana?

Por ejemplo, si la emoción es uno de tus valores principales, pero trabajas en una corporación chupa-almas, chocará con tus valores por el resto de tu vida hasta que hagas algo al respecto. Esto indica que encontrar un trabajo más excitante podría ser una buena meta a elegir como tu objetivo principal.

- **Metas que no puedes esperar a alcanzar.** Generalmente es fácil evaluar si a alguien le importa algo viendo su paciencia para ello. Si tienes un historial de rendirte después de experimentar el primer fracaso, son buenas las posibilidades de que el objetivo que has elegido no sea tu prioridad. Por otro lado, si te niegas a rendirte (incluso cuando todo el mundo a tu alrededor duda de tu capacidad para tener éxito), es un indicador de que estás trabajando en el objetivo correcto.

Ahora ya sabes cómo establecer los objetivos correctos y qué objetivos dejar de lado. El siguiente paso es cómo priorizar los objetivos y cómo asegurarse de que sean realistas para ti. Aquí, las dos preguntas cruciales que tienes que hacer son "cuándo" y "cómo" empezar.

Antes de comenzar el viaje hacia el éxito, y trabajar hacia los objetivos establecidos, deberías hacerte las siguientes preguntas:

1. **¿Las circunstancias negativas predominantes supondrán un desafío?** En la mayoría de los casos, probablemente no te arrepentirás de haber empezado más temprano que tarde. Sin embargo, en algunos casos, esperar puede ser una opción más razonable.

2. **¿Has consultado con la almohada?** Muchos libros enseñarán con entusiasmo sobre cómo debes empezar ahora, de inmediato, sin necesidad de reflexionar. He descubierto por mi experiencia personal que es útil consultar a la almohada sobre cualquier nuevo objetivo que hayas elegido, antes de tomar medidas.

Primero, a la mañana siguiente probablemente lo veas desde una perspectiva ligeramente diferente, lo que podría darte mejores ideas sobre cómo proceder. Habrá más lógica involucrada en tus procesos de pensamiento y no será mayormente desde tu lado emocional. Segundo, si no estás ni la mitad de entusiasmado de lo que estabas el día anterior, es probable que solo sea una idea improvisada que no se presta a un plan a largo plazo.

3. **¿Estás de acuerdo con el lado oscuro de trabajar para lograr este objetivo?** Esta es la última pregunta que debes hacerte antes de comenzar a perseguir tus metas. Cuando estás entusiasmado por establecer un nuevo propósito y cambiar tu vida, es fácil caer víctima de un sesgo de confirmación, en el que buscas exclusivamente información que confirme tus creencias, mientras rechazas el conocimiento alternativo o contrario.

Bono - Los diez mejores consejos para ser un hombre seguro

1. Creer que puedes tomar buenas decisiones

La clave de la confianza en uno mismo y la autoestima es creer que puedes tomar esas buenas decisiones. Los enfoques basados en la atención, el enfoque en el momento y las afirmaciones positivas de que puedes hacerlo, fomentan la creencia en ti mismo.

2. Desconectar la negatividad

Junto con el primer consejo, debes aprender a desconectar la negatividad. Sé consciente de lo que ha pasado anteriormente, pero mantén un ojo en el aquí y ahora. Puedes elegir no escuchar la fealdad y la negatividad de los demás, y de ti mismo también.

3. Acepta y aprende de los errores

Todos han cometido errores, pero no hay que avergonzarse. Deja la vergüenza a un lado y acepta esos errores; pregúntate qué has aprendido al cometerlos.

4. Concéntrate en el bien

Al revisarte, debes centrarte en tus activos personales, físicos e intelectuales. Debe haber cosas positivas que puedas decir; ¡nadie tiene una vida completamente negativa!

5. Practica la gratitud

Esto impactará positiva y directamente en tu autoestima. ¿Por qué estás agradecido? ¿Cuáles son las cosas buenas de tu vida? Haz esto mientras usas la atención plena, podrías sorprenderte de las respuestas.

6. Cambia tu conversación mental

Mírate en el espejo; mírate bien y luego di algo positivo sobre tu cuerpo, mente, personalidad, sentimientos, etc. Si no puedes, tienes que apagar la "cinta" de conversación negativa y encender la positiva.

7. El cambio es constante. Acéptalo y aprovéchalo.

Todos cambiamos todo el tiempo y lo que ves de ti mismo hoy será diferente mañana, aunque sea un cambio menor. Pregúntate a ti mismo qué estás haciendo para provocar cambios positivos. ¿Estás trabajando duro en tu cuerpo, mente y espíritu?

8. Tú ERES digno de sentir felicidad - ¡Acéptalo!

La felicidad es una parte importante de la vida, pero no atraerás el éxito a menos que y hasta que creas que eres digno de esa felicidad. Hay una gran diferencia entre merecer la felicidad y ser digno de ella: cuando eres digno, puedes absorber esa felicidad completamente en tu ser.

9. Sé consciente de tu cuidado

El autocuidado es una parte importante de la vida. Ya sea a través de la actividad física, el fisiculturismo, la dieta, incluso el aseo personal y el cuidado de la salud mental. Invierte los recursos y el tiempo en el autocuidado y consigue cambios positivos y bienestar.

10. Acepta las imperfecciones

Nadie es perfecto, no importa cuánto crean que lo son. Cada defecto que identificas en ti mismo es probablemente uno compartido por otros hombres, pero pregúntate esto: ¿son realmente tan malos los defectos? ¿Puedes aceptarlos como parte de lo que eres? Tus imperfecciones son parte de lo que eres. ¡Acéptalas!

Conclusión

Ahora que has leído el libro, seguido de los ejercicios proporcionados, e identificado lo que necesitas para aumentar tu autoestima, ¡es hora de ir a practicar!

Empieza a adoptar las simples estrategias recomendadas aquí, y gradualmente verás los beneficios. A medida que veas que estos beneficios se acumulan, desarrollarás una actitud positiva hacia el cambio, y así tu autoestima mejorará.

Aunque es importante notar que estos cambios no ocurren de la noche a la mañana, debes ser lo suficientemente paciente y entender que toma tiempo ser la persona que deseas ser, pero los resultados valen la pena.

A medida que tu autoestima y autoconfianza aumenten, experimentarás un mayor crecimiento que te llevará a una mayor felicidad en la vida. Empezar el viaje hacia la autoestima es la parte más difícil; por lo tanto, te sugiero que apliques inmediatamente los consejos presentados en este libro. Los consejos están probados, y funcionan, pero recuerda que pueden no funcionar para todo el mundo. Las sugerencias ofrecidas en este libro tampoco deben aplicarse todas a la vez. Crea un plan que te ayude a aplicar los consejos de forma lógica y secuencial de forma gradual.

La parte más importante es hacer un esfuerzo para transformarte, y sentirás que la transformación se produce antes de lo previsto. Intenta pasar unos días trabajando en uno o dos consejos. Una vez que estés en sincronía con el proceso, entonces intenta con otro hasta que todos se conviertan en una segunda naturaleza. Tu confianza aumentará, y te sentirás bien contigo mismo y con tu vida.

Además, lleva un diario de confianza. Practica escribiendo diez cosas en las que te sientas seguro. Si se hace a diario, cambiará la forma en que piensas y sientes sobre todo. Te recomiendo que escribas tu diario justo antes de irte a la cama. De esta manera, las cosas que has escrito fluirán en tu mente subconsciente mientras duermes. No solo te despertarás más seguro, sino que también estarás más feliz con tus logros del día anterior, y tendrás motivación y un plan claro para el día siguiente.

En pocas palabras:

✔ Tienes el poder de transformar lo que sientes.

✔ Nunca te sientas mal por poner tus necesidades en primer lugar.

✔ No serás egoísta si consideras tus necesidades primero.

✔ Siempre trata de ser amable contigo mismo; solo hay una versión de ti en este mundo. Así que, cuida bien de ella.

✔ Nunca odies la piel en la que estás.

La confianza en uno mismo no está grabada en los hombres; por lo tanto, puede aumentar o perderse en cualquier momento. Está mayormente afectada por factores externos que te harán creer que no tienes control sobre ellos.

Finalmente, la confianza está dentro de cada hombre, pero a veces cuando el mundo te lanza todo tipo de desafíos, puede desvanecerse. Aplica los consejos discutidos en este libro cuando te sientas menos confiado. No es difícil adquirir confianza, pero si no tienes suficiente, puede ser difícil tener éxito en la vida. Necesitas el deseo o el impulso para lograr la confianza como hombre y la persistencia para mantenerla hasta que la consigas. Tus ideas, reflexiones y pensamientos pueden construir tu autoconfianza, pero tienes que ser consciente de ellos para alcanzar su máximo beneficio.

Al leer *Autoconfianza para hombres: Libera el león interior y ve cómo tu resistencia mental, autoestima, actitud mental, autodisciplina y vida de pareja se transforma*, ya has dado el primer paso en tu viaje. Esperamos que aproveches al máximo la estructura de este libro, mientras abrazas tu fuerza interior y desarrollas tu autoestima. ¡Buena suerte!

Fuentes

1. Burton, K., & Platts, B. (2012). *Confidence for Dummies*. Wiley.

2. Schuster, S. (2018). *22 Habits of People with Low Self-Esteem*. The Mighty. Retrieved 11 February 2020, from https://themighty.com/2018/10/low-self-esteem-habits/.

3. Goldsmith, B. (2010). *100 Ways to Boost Your Self-confidence: Believe in Yourself and Others Will Too*. Career Press.

4. McGee, P. (2012). *Self-confidence: The Remarkable Truth of Why a Small Change Can Make a Big Difference*. Capstone.

5. Smith, E. (2018). *How Self-doubt Manifests in Men Versus Women*. Devex. Retrieved 12 February 2020

6. Pollack, B. (2019). *Male Body Image and Body Dissatisfaction*. Mirror Mirror Eating Disorder Help. Retrieved 13 February 2020, from https://www.mirror-mirror.org/body-image-men.htm.

7. Blumer, C. (1934). *Discipline and Self-Discipline. The Australian Quarterly, Vol. 6 (Issue 23)*, 116. Australian Institute of Policy and Science. Retrieved 13 February 2020, from, https://doi.org/10.2307/20629153.

8. Bale, C. (2016). *From Shy Guy to Ladies Man – Memoirs of a Male Seducer*. Ronlif Publishers.

www.ingramcontent.com/pod-product-compliance
Lightning Source LLC
Chambersburg PA
CBHW050511240426

43673CB00004B/182